TIÃO

TIÃO

LeYa

Adaptação de texto: Carolina Drago
Preparação de texto Lara Stroesser Figueirôa
Revisão de texto Marília Courbassier Paris
Projeto gráfico Kiko Farkas e Mateus Valadares/Máquina Estúdio
Diagramação Lira Editorial

Dados Internacionais de Catalogação na Publicação (CIP)
Angélica Ilacqua CRB-8/7057

Santos, Tião
Tião / Tião Santos. - São Paulo: LeYa, 2014.
256 p.

ISBN: 978-85-441-0089-9

1. Catadores de lixo - Biografia 2. Pobreza - Brasil
3. Reciclagem 4. Arte I. Título

14-0595 CDD-920

Índices para catálogo sistemático:
1. Biografias

2014

TEXTO EDITORES LTDA.
[Uma editora do grupo Leya]
Rua Desembargador Paulo Passaláqua, 86
01248-010 - Pacaembu - São Paulo, SP - Brasil
www.leya.com.br

Dedico este livro à minha filha Clara Ellis

SUMÁRIO

Agradecimentos 09

Prefácio 11

Parte I

1. *Os mistérios da rampa* 17
2. *No compasso do cais* 23
3. *Pequeno grande homem* 29
4. *Lixo dá dinheiro?* 35
5. *Família de catador* 43
6. *Lições de casa* 55
7. *A entrevista que mudou o curso* 60

Parte II

8. *As primeiras pedras* 69
9. *As mil faces do aterro* 78
10. *Aprendendo a cooperar* 83
11. *Entre o glamour e o pavor* 90
12. *Na corda bamba* 103
13. *A primeira virada* 113

Parte III

14. *Os astros da minha vida* 123
15. *Aqui mora um líder* 128
16. *Paixão desde menino* 135
17. *Ponte holandesa para o mundo* 141
18. *Amor de pai* 147
19. *Uma jovem liderança* 153
20. *Um Príncipe no lixo* 164
21. *Uma associação para chamar de nossa* 173

Parte IV

22. *Pena de urubu* 185
23. *Ferida aberta* 191
24. *Os retratos do lixo* 197
25. *Encontros e despedidas* 205
26. *Um astro em Hollywood* 211
27. *Do céu a Nietzsche* 219
28. *Política na veia* 233

Parte V

29. *De volta às origens* 245

Agradecimentos

ACIMA DE TUDO AGRADEÇO A DEUS.

Agradeço à minha avó Adalgiza de Oliveira, a matriarca da família Oliveira e ao meu avô José Agostinho de Oliveira, o patriarca e fonte de inspiração política na minha trajetória.

Ao meu pai Carlos José dos Santos, o homem que me ensinou tudo o que sei, e à minha mãe Geruza Maria dos Santos, exemplo de força, coragem e dedicação.

À minha família, em especial à minha esposa Idenise, que sempre acreditou em mim e na minha capacidade de liderança, nos meus sonhos, na minha dedicação e na minha responsabilidade e que sempre me apoiou. À minha filha Clara Ellis, que foi a fonte da minha mudança, do meu crescimento e da minha capacidade de sonhar, o maior legado que deixo para o mundo.

Agradeço aos meus sogros Severino (Seu Finho) e Ivonete por terem colaborado na criação e na educação da minha filha e na minha formação como um chefe de família.

Agradeço também à Valéria Bastos, assistente social e minha mãe do coração; Nanko Van Buuren da ONG IBISS e meu pai do coração; Regina Lucia Sá; Alberto Nicodemos; meus professores no Ebert Mouser e no Euclides da Cunha; meus professores do Curso Jovem Liderança, em especial ao professor PJ (Paulo Jorge); meus amigos de infância; meus irmãos, primos e sobrinhos; meus familiares do Recife; meus companheiros de trabalho na Coopergramacho; a todos os membros do MNCR - Movimento Nacional dos Catadores de Materiais Recicláveis; à equipe do documentário, em especial Vik Muniz, João Jardim, Karen Halen e Fábio Ghivelder; à equipe da Coca-Cola, em especial Xiomar, Cláudia Lorenzo e Marcos Simões; à Equipe do Limpa Brasil, em especial Marta Rocha e Edilainne Muniz. E não posso me esquecer de todos da ACAMJG – Associação dos Catadores do Aterro Metropolitano de Jardim Gramacho.

Prefácio

A IDEIA DESTE LIVRO FOI a primeira que me ocorreu assim que cheguei ao Brasil. Meses antes da minha chegada, a exposição *Lixo Extraordinário*, de Vik Muniz, tinha estado no Centro Cultural de Belém, em Lisboa, com enorme destaque. Naquele momento, entretanto, ainda não tinha ficado clara para mim a dimensão humana que as personagens deste trabalho traziam consigo. Só fui "descobrir" o Tião no início de 2012, quando ele recebeu um prêmio do jornal *O Globo*, que o colocava como uma das personalidades de 2011. Na cerimônia de entrega dos prêmios, fiquei impressionada com uma frase dita por seu irmão, o poeta de alma, que define muito claramente o que foi a vida de Tião: "Difícil não foi nascer no lixo. Difícil foi não virar lixo". Foi assim que me interessei por ele. Na minha busca, assisti ao documentário feito sobre o trabalho do Vik Muniz, *Lixo Extraordinário*. As descobertas foram ainda mais surpreendentes, pessoas que pareciam viver no fim da linha, lidavam com as suas dificuldades com enorme dignidade.

Ninguém quer ser catador de lixo; esse é um trabalho que continua a ser menosprezado pela sociedade. E era justamente no meio de tudo isso que surgia o Tião, com a sua alegria e espontaneidade, orgulhoso de ser quem era, de trabalhar com o lixo, de ser pobre mas honrado e digno. Muito digno! Isso foi o que me mais me impressionou nele, assim como em outras das personagens que faziam parte do seu mundo. E quando você vive num país onde o crime parece estar por toda a parte – porque gerações atrás de gerações parecem não encontrar outra saída para a pobreza que não a vida do crime ou do tráfico –, você encontra um Tião e passa a acreditar que podemos ter esperança num Brasil melhor, um Brasil livre desse flagelo, onde os pobres possam ser olhados como as pessoas inteiras que são, tal e qual qualquer cidadão, em vez de serem olhados com desdém pelo mundo que não faz parte da periferia. *Tião* é como uma lufada de ar fresco num país que se quer renovar, como o retrato de uma sociedade em mudança, como o símbolo de uma nova liberdade, aquela que nos diz que, independentemente da origem ou classe social, todos têm direito de mudar a sua trajetória! E Tião acreditou! E com isso mudou a sua história e a das pessoas à sua volta, fazendo-as perceber que o lixão deixara de ser o único lugar que as aceita sem questionar. Tião aprendeu que o mundo é um lugar de todos e que as possibilidades estão diante de todos, ao alcance das mãos. Para mim, esta história é mais do que uma simples biografia: é o retrato de um Brasil em renovação, de uma sociedade em movimento, de um novo mundo de oportunidades para aqueles que nunca as tiveram antes. Uma história que parece feita para o cinema; uma história em que você ri, chora, se revolta, se emociona, se descobre! Uma descoberta que muda por inteiro os nossos preconceitos, nos abana por dentro e nos dá vontade de sermos pessoas melhores, mais generosas e ligadas ao coletivo, e não a interesses egoístas e individuais.

Nesta história temos, finalmente, um protagonista que sai da favela sem sair de lá. Tião não precisou deixar a favela para ter uma vida diferente.

Tião descobriu que podia ter uma nova vida quando percebeu que ele e sua comunidade faziam parte do mundo e que a realidade pode ser transformada.

A vida de Tião é uma grande lição de cidadania e esperança.

Maria João Costa, a editora

Parte I

1. Os mistérios da rampa

Quando se é criança, o mundo é sempre mais bonito. Os tons são mais vivos; os traços, mais firmes. E o céu é sempre mais azul. É como se pudéssemos ver através de uma lente que filtra os tons mais escuros e vai colorindo a realidade. Talvez, por isso, até os oito anos, meu maior sonho fosse conhecer a rampa.

Naquele quilômetro quadrado de buscas e descobertas, com valores e leis próprias, dois mundos se misturavam. Eu ainda não sabia, só aos poucos fui descobrindo. No início, importava apenas entender que nomes eram aqueles – Serragem e Urubu – e aonde eles iam dar. Em casa, meus irmãos só falavam da rampa, e minha curiosidade de atravessá-la ia aumentando. O que se escondia do outro lado? Por que minha mãe saía de casa sem nada e voltava de lá sempre com a bolsa cheia? E, no dia seguinte, por que tinha queijo e presunto no café da manhã?

A rampa era um lugar cheio de mistérios para mim. Minha mãe evitava me levar, dizia que lá não era lugar para criança. Meus irmãos, que já beiravam a adolescência, às vezes iam com ela e voltavam cheios de histórias para contar. A que mais me fascinava era a dos urubus.

Na rampa, os urubus não eram como os que moravam perto da nossa casa, que tinham medo de nós e só sabiam voar, quanto mais alto melhor, como se estivessem riscando uma mensagem no céu.

– Lá, nós vemos urubu bem de perto, eles brincam com a gente no chão – diziam Nilson e Glória.

Eu estava convencido de que a rampa escondia mesmo um outro mundo. Um mundo cujas cortinas ainda não tinham se aberto para mim, e esse suspense só fazia alimentar as minhas fantasias. Por pelo menos quatro anos, a "minha" rampa existiu apenas como esse lugar imaginário, que construí colando os pedaços de um quebra-cabeça que até então só conhecia de longe. Mas abrir suas portas era uma questão de tempo.

Até que o dia chegou, quando eu tinha oito anos. Era uma manhã quente, o sol brilhava mais que o normal, e eu peguei o ônibus como sempre pegava, no ponto mais próximo de nossa casa. Só havia uma linha de ônibus no bairro onde morávamos nessa época, e o carro passava sempre no mesmo horário – o motorista já me conhecia. Nas costas, eu carregava um mochilão com comida quente e água gelada para entregar ao meu cunhado na portaria do trabalho dele. De lá, ele levaria o almoço da minha mãe e dos meus irmãos até a rampa, que ficava mais adiante, portaria adentro, onde eles passavam às vezes um dia inteiro. Outras, mais que isso.

Do ônibus, eu olhava pela janela o movimento das ruas, que na época era pacato. O cenário ainda era rural, poucas lojas, muitas vendinhas – como a mercearia do Seu Alexandre. Os quintais eram quase sempre espaçosos, enfeitados aqui e ali por fartas árvores e pequenas hortas, que as famílias cultivavam no entorno de suas casas, às vezes dividindo espaço com os bichos – galinhas, porcos e cavalos. O tratamento de esgoto era raro; o asfalto também. Mas, chegando na Avenida Washington Luís, a principal de Duque de Caxias, a coisa ia melhorando, a paisagem lentamente se urbanizava, até o ponto final, que dava para a tal portaria.

Já em frente a ela, depois de quase meia hora de viagem, desci correndo do ônibus para entregar a mochila ao meu cunhado e voltar o mais depressa possível. O motorista manobrou e ficou me esperando, como sempre fazia.

– Seu tio não veio hoje, não – disse uma voz de dentro da guarita. Era um senhor uniformizado, que devia trabalhar na Comlurb, como meu cunhado, e por isso o conhecia. – Mas, se quiser, você pode subir e deixar a comida.

Era minha chance. Eu sabia que a rampa ficava lá no fundo, atrás daquele portal. Ia finalmente subi-la, ver o outro lado, conhecer Serragem e Urubu, enxergar bem de perto as cores daquele mundo novo e desconhecido que colocava comida boa na nossa mesa e tinha feito minha mãe voltar a sorrir. Não pensei duas vezes. Fiz sinal para o motorista do ônibus – ele não precisava me esperar mais. Atravessei o portão de ferro, ajeitei a mochila nas costas e fui seguindo. Tentei ver adiante, medir a estrada. Impossível. O jeito era ir caminhando e desvendando todo aquele mistério também aos poucos, na velocidade dos meus passos, que tocavam a terra vermelha fazendo a poeira subir, a ansiedade fazendo meu coração bater mais forte.

Em volta, o caminho era amarronzado, a estrada comprida quase encostava no horizonte. Depois de um tempo, já estava exausto. A comida quente nas costas, o sol mais quente na cabeça. A expectativa se misturava à sede, que se misturava ao medo, que logo vinha se agarrar à coragem, à vontade de subir, de continuar, de correr atrás de urubu, de conhecer a rampa, que talvez me levasse mesmo a um lugar mais alto. Parei, abri a mochila, bebi um pouco d'água e continuei. Meu caminho ficando mais curto, meu sonho mais perto de virar realidade.

Aos poucos, quase uma hora de caminhada, uma nova paisagem ia se desenhando. O amarronzado foi tomado por um colorido cinzento, mas ainda assim era um colorido. Caminhões entravam e saíam, enquanto pessoas se equilibravam sobre pequenas montanhas. Eu chegava mais perto, e tudo ia ganhando novos contornos. As montanhas que eu via eram feitas de sacos plásticos, garrafas vazias, pedaços de coisa velha, restos de comida. E cheiravam mal. Não dava para acreditar: as montanhas eram feitas de lixo.

Aquele era o mundo do lixo. A rampa era o trabalho do lixo. Rampa era como chamavam o aterro por causa da ladeira de pouco mais de quatro quilômetros que separava a tal portaria da área onde o lixo era propriamente despejado. Rampa nada mais era que o apelido dado àquela imensa e intensa travessia. Os caminhões derrubavam de suas caçambas quilos e quilos daquele rejeito, misturando no mesmo monte sobras, segredos, intimidades e desperdícios, vindos de várias casas, de vários bairros, dos ricos e dos pobres. Era nesse monte que os catadores metiam a mão, procurando os materiais que deviam juntar naquele dia, separando-os dentro de enormes sacos de plástico que carregavam apoiados nos ombros. Mil e duzentos trabalhadores dividiam quase que diariamente aquele ofício mal-entendido de revirar as montanhas de lixo, cada um com histórias e motivações próprias, guardadas na sacola ou à mostra para quem quisesse ver.

Era um trabalho de busca, de encontro. O lixo caía ali todas as manhãs, todas as noites. Oito mil toneladas dele se encontravam diariamente naquele espaço e, da forma mais inusitada, aproximavam dois mundos que não tinham por que se encontrar de outra forma. A rampa era o lugar onde se misturavam o lado de fora, de quem podia comprar e gastar, e o lado de dentro, de quem tirava dali o que ia comer no dia seguinte.

Serragem era uma das praças onde vazava o lixo. Urubu era outra. Tudo ia se revelando sem que eu tivesse tempo de perguntar. Enquanto caminhava devagar, assistindo de baixo àquela aventura, eu me sentia diante de um filme, distraído como um espectador. Foi o gemido de um quero-quero, voando ao longe, que me fez voltar à realidade. Com ele, veio meia dúzia de garças, voando mais perto, sobre o lixo, sobre a nossa cabeça, pousando nos montes como se também estivessem ali para catar, remexendo nas sacolas como os catadores.

Não notei logo, mas ao meu lado, como que me olhando, dois urubus se aproximaram. Como as garças, eles voavam rasteiro, tocavam o lixo, remexiam, procuravam comida. Não pensei duas vezes: saí correndo atrás deles, querendo segurá-los – era o meu sonho se realizando! Eles fugiam e voavam para mais longe, se desvencilhando de mim. Quando vi, eu estava quase no topo de um dos montes, havia vários urubus e garças e quero-queros. Todos nós sobre a montanha de lixo, e eu corria atrás de todos como que para me convencer de que estava ali, e acreditar que eles estavam mesmo no chão, perto das pessoas, sem medo, compartilhando o mesmo espaço sem se importar.

– Ei, você aí em cima, toma cuidado! – uma voz me trouxe de volta, apontando para um dos lados da montanha. Um caminhão vinha se aproximando, trazendo mais lixo para ser descarregado, enquanto as pessoas que estavam ali em cima tratavam de descer com atenção, sempre com seus sacos na mão ou jogados ao ombro, uns mais cheios, outros mais leves. Ali a nova leva de resíduos seria despejada, por isso tínhamos que nos desviar.

Fui descendo também, duas moças me ajudaram. Lá debaixo, pude ver a cena do caminhão erguendo sua traseira e deixando o lixo cair pouco a pouco da caçamba, fazendo crescer o morro de resíduos onde há pouco eu estava, e do qual os catadores rapidamente se aproximavam, subindo depressa, tentando pegar o máximo de coisas e lançar à sacola. Era preciso ser rápido, atento, esperto.

Quando dei por mim, estava entre uma multidão de catadores, correndo de um lado para o outro, recolhendo o que podia entre as sobras, e nenhum sinal da minha mãe. "Será que é aqui mesmo que ela trabalha?" "E meus irmãos?" "E se eu tiver errado o caminho?" O desespero começou a bater: eu era pequeno demais para enxergar alguém naquela multidão. Comecei a perguntar pela Dona Gerusa a todos que passavam, mas ninguém a conhecia. "Meu Deus, estou perdido!", pensei, quando um rapaz tocou no meu ombro e perguntou a outro:

– Esse aqui não é o filho da Gorda?

Sim, era eu. Dona Gerusa vinha andando na minha direção, um saco quase cheio pendurado no ombro esquerdo, o cabelo amarrado com um pano, tênis velhos e um brilho de surpresa nos olhos. Ela ficou me olhando por um tempo, tentando entender como eu tinha subido a rampa. Olhava para os lados à procura de alguém que pudesse estar comigo. Finalmente, sorriu, parte orgulhosa da minha coragem, parte preocupada com a minha presença ali.

– Você subiu, menino? – disse, sem esconder a preocupação.

Eu contei por que tinha subido, e ela disse:

– Tudo bem, mas é só desta vez. E nada de correr atrás de caminhão.

Minha mãe me deixou ficar, desde que quietinho, brincando com os outros meninos da minha idade que algumas mães levavam para o trabalho por não terem com quem deixar. E de repente eu já estava de novo correndo atrás de urubu, brincando com meus novos amigos, descobrindo com eles brinquedos que se camuflavam no lixo, mas que de alguma forma brilhavam ao nosso olhar de criança, sensível às cores no cinza do aterro. Por entre restos de comida, garrafas de plástico e caixas de papelão, escondiam-se carrinhos, camionetes, peças de Lego, super-heróis como os que eu via na TV, bonecos do He-Man e Comandos em Ação, estojo de canetinha, giz de cera e folha de papel para desenhar.

O lugar que abrigava boa parte do lixo de até oito cidades do Rio de Janeiro, do qual pouco se ouvia falar, onde não se conhecia nem se reconhecia ninguém, era para nós, herdeiros daquele ofício, um verdadeiro parque de diversões. Era a nossa Disneylândia.

2. No compasso do cais

FAZ ALGUNS ANOS A HISTÓRIA da minha família se repete como em um ciclo. Vai geração, vem geração, nossos caminhos insistem em trilhar a mesma estrada. Essa estrada, pelo que sei, começou a ser traçada pelo meu avô, José Agostinho, lá na década de 1940, quando ele foi trabalhar como estivador no cais do porto de Recife.

Apesar do tronco forte e dos braços musculosos, como os dos outros homens, meu avô não era um estivador qualquer. Ele foi o fundador do primeiro sindicato de estivadores do cais do porto de Recife, e mais tarde se tornou seu presidente. Era uma pessoa muito especial e todos o admiravam. Tinha ideais e coragem para correr atrás deles, incentivava os companheiros de trabalho, filhos e netos a acreditar nos sonhos, lutar por direitos, brigar contra as injustiças.

– Se você não tentar superar os obstáculos, não terá vitória – costumava dizer. – Se tiver um sonho, não o deixe morrer.

Meu avô não era só um sonhador. Era também um estrategista, e isso eu herdei dele. A cada história que meu pai contava do velho, eu ficava pensando naquela coisa do ciclo. Para mim, fazia toda a diferença saber que ele tinha sido um líder, e que sua liderança estava a serviço de um bem maior.

Certa manhã, ele chegou ao porto e lhe deram a notícia: o governador tinha reduzido de 20 para 10 centavos o valor pago aos estivadores para transportar um saco do porão do navio até o armazém onde o material ficava estocado. Aquele corte era demais para eles – a metade do pouco que ganhavam. Meu avô Agostinho sabia que reclamar não mudaria nada. Aquela situação exigia uma reação mais efetiva, de preferência que mexesse no bolso dos que estavam do outro lado.

No dia seguinte, portuários, guardas e conferentes se depararam já cedo com o prenúncio de um caos: sacos e mais sacos, que já deviam ter sido descarregados, acumulavam-se pelo caminho, desde o porão até o armazém, travando o transporte de novas cargas enquanto navios recém-chegados ao porto faziam fila. Era o efeito da greve dos estivadores, liderada pelo meu avô.

– Dez centavos é até aqui, da porta do armazém para dentro é mais dez – ele disse, quando vieram tomar satisfação.

Eram muitos trabalhadores e unidos eram mais fortes. O governo foi obrigado a desistir do novo preço e acabou cedendo à pressão dos estivadores.

Claro que nem sempre suas ideias davam certo, e uma vez ele acabou sendo preso. Mas não tinha medo do que poderia sofrer pela luta. Sempre valia a pena. O cais era sua vida. Apesar da rotina pesada, trabalhar – e lutar – ajudava-o a viver.

De sete da manhã até as cinco da tarde, ele transportava os materiais do porão ao armazém, sacos amarrados à cabeça, luvas nas mãos e muita força nos braços para aguentar as cargas e outros pesos. O sindicalismo exigia dele muita dedicação, que estivesse atento ao outro mais que a si mesmo, e iniciativa para liderar ocupações e greves cuidando para que os companheiros nunca saíssem prejudicados.

Em casa, fazia questão de estar com os filhos, conversar com eles, contar suas histórias e dar suas lições. Ele tinha a mente aberta, queria ouvir o que cada filho pensava, saber seus sonhos.

Gerusa era a mais falante dos 13 filhos, a menina dos olhos de meu avô. Ele dizia que ela tinha atitude demais para uma menina, mas no fundo sentia orgulho da guerreira que estava se tornando. Idealizava para ela um futuro diferente, achava que tinha potencial para aprender sobre política e liderança, e queria lhe ensinar tudo o que sabia.

Crescendo nesse meio, minha mãe foi assimilando aos poucos os ensinamentos do meu avô. Falava a mesma língua que ele, gostava de escutá-lo, dava valor ao aprendizado. O tempo foi passando, e ela deixou de ser criança. Começou a namorar um rapaz e, aos 14 anos – ele com 17 –, engravidou.

Meu avô chamou o tal rapaz para uma séria conversa – afinal, Gerusinha era a filha querida. Queria saber suas intenções, se ele assumiria o filho e o compromisso. O rapaz era o meu pai.

– Você quer se casar com ela? – meu avô foi direto ao ponto. – Então vá já tirar sua carteira de trabalho.

E assim começava a trajetória de José Carlos dos Santos no porto de Recife, onde pisou pela primeira vez incentivado pelo meu avô. Daí em diante, o caminho do meu pai mirou o cais, a estiva, as lições de liderança aprendidas com o sogro, a quem admirava como se fosse o pai que não teve. Ele contava e recontava as histórias do velho como se fossem do próprio pai.

Meu avô tinha um clube de futebol, Planetinha, no bairro da Mustardinha, onde ele e minha avó Adalgisa moravam com os filhos. Meu pai jogava como lateral-direito e tinha fama de "dar porrada". Num campeonato, vendo que o juiz estava roubando para o time adversário, meu avô decidiu apelar:

– Vai lá, Canela, acaba com eles.

Canela, como meu avô chamava meu pai, já sabia o que fazer. Não era à toa que tinha ganhado aquele apelido estranho: José Carlos não temia as trombadas em campo. Em alguns minutos, fez uma falta sobre o melhor jogador do outro time – tão dura quanto a canela que lhe rendeu a fama. É verdade que quase foi expulso, mas pelo menos agora eles estavam quites e conseguiram empatar a partida.

Desde o início, meu avô acolheu meu pai e ensinou a ele tudo o que sabia: transportar cargas, liderar os estivadores, lutar para ser ouvido e contra as injustiças. E continuou ensinando, até seu último dia de vida.

Aos 55 anos, meu avô teve um infarto fulminante dentro de casa. Ele começou a passar mal e morreu, sequer houve tempo para pedir socorro. Toda a família ficou em choque, os amigos não acreditavam. O cortejo do corpo reuniu companheiros do cais, amigos do sindicato, torcedores do Planetinha e toda a vizinhança, por quem também era muito querido.

Para nós, sua partida deixou marcas que demoraram a cicatrizar. De certa forma, ele mantinha a família unida, como se fosse uma força dosada com precisão, garantindo a estabilidade sem apertar nem afrouxar demais.

A verdade é que, quando ele se foi, tudo começou a ruir, das finanças aos afetos. Nenhum filho se interessou ou soube administrar o que conseguiu construir – como o clube – e o dinheiro foi aos poucos ficando curto para todos. Meu pai começou a beber, a situação em casa foi ficando difícil e minha mãe quis se separar. Ela não conseguia emprego, o lugar onde minha família morava em Recife era muito pobre. Queria se mudar, mas não sabia para onde.

Era a década de 1970, e corria a notícia de que o Rio de Janeiro oferecia boas oportunidades. Minha mãe tinha uma irmã, Elza, que tinha acabado de se mudar para Duque de Caxias, município do Rio. Quase na mesma época, uma leva de amigos da família tinha embarcado para cá também, todos unidos pelo mesmo sonho de melhorar de vida. Aquela parecia ser uma boa opção, nem que fosse por um tempo. Sem saber o que encontraria pela frente, trouxe apenas os dois filhos mais velhos – Nilson, de cinco anos, e Rogério, de três. Simone e Cláudia, mais novinhas, ficaram com minha tia Carminha, irmã da minha mãe, e minha avó Adalgisa. Meu pai continuou na casa onde moravam, e trabalhando no cais.

Tia Elza trabalhava como faxineira na Zona Sul do Rio de Janeiro, e soube pela patroa de uma oportunidade de trabalho em Búzios, na Região dos Lagos. Minha mãe, que acabara de chegar e estava precisando de emprego, logo topou. Era uma casa de veraneio, grande, onde foi trabalhar por algumas semanas e acabou ficando quase dois anos, meus irmãos sempre com ela.

Lá em Recife, o que já estava ruim foi piorando. Meu pai assistia de perto a tudo o que viu meu avô construir se acabando, sem que nenhum filho assumisse ou levasse adiante, e não via mais sentido em continuar ali. Ao mesmo tempo, tinha a esperança de reatar o casamento com a minha mãe, e decidiu que era hora de partir. Arrumou as malas e embarcou também para o Rio, trazendo as filhas que tinham ficado com minha tia e uma carta de recomendação do cais do porto de Recife para trabalhar na capital carioca.

Quando chegou e soube que minha mãe estava em Búzios, meu pai foi correndo atrás dela. Dona Gerusa a princípio não gostou, mas, vendo que minhas irmãs estavam com ele, acabou cedendo ao pedido do velho de voltar para Duque de Caxias. Quase na mesma época, metade da minha família tinha vindo de Recife para Caxias, onde começava a se formar uma espécie de comunidade pernambucana.

AQUELA MUDANÇA INAUGURAVA UMA NOVA fase na vida da minha família, apesar das dificuldades dos primeiros anos. Com o tempo, como tudo na vida, as coisas foram se ajeitando. Meus pais puderam conversar e voltaram a se entender, na medida do possível. Depois de quase três anos procurando um lugar onde pudessem se estabelecer de vez, finalmente encontraram a casa onde minha mãe mora até hoje, onde nasci e morei toda a minha infância e juventude, no bairro Doutor Laureano.

Meu pai se adaptou rapidamente. Era como se o Rio fosse o seu lugar. Durante a semana, ele se dividia entre o trabalho no cais – agora respirando outros ares, os morros dando o contorno da nova paisagem – e o trabalho no sindicato local. As lições do meu avô continuavam vivas, e um mundo de mudanças ainda precisava acontecer.

Aos fins de semana, ele se perdia entre a boemia, as noitadas e as rodas de samba, que davam o "tom" da vida na zona portuária. O universo dos estivadores se confundia com o do samba, que se confundia com as calçadas tortas dos morros, a cultura negra cantada de dentro para fora.

Respirando esse ar, meu pai viveu quase 20 anos – os melhores de sua vida. Quando não estava transportando cargas no cais, gostava de se perfumar, se vestir bem, andar bem-arrumado. Estava sempre em Madureira entre os compositores das escolas, trocando ideias e compondo também ele seus próprios enredos, alguns dos quais tentou emplacar pela Império Serrano. Com sambistas de peso – como Beto Sem Braço, Aniceto do Império e Zeca Pagodinho –, meu pai teve a honra de dividir o prazer das rodas.

A popularidade do Império era tanta dentro do cais que muitos diziam que a escola era mantida pelos portuários. Daquelas vielas ou daquelas calçadas sujas do porto nasceria, entre tantas outras obras de arte, o samba-enredo vencedor do carnaval de 1964, a famosa "Aquarela brasileira".

Todo ano, quando ia chegando janeiro, meu pai já tinha seu samba decorado para os desfiles do bloco do bairro. O desfile era regra, com direito a fantasia e carro alegórico. Quem puxava os sambas era o padrinho da minha irmã Cláudia, Gerson Gogó de Ouro. Lembro de um deles, em homenagem aos 50 anos do Braguinha, que meu pai compôs. Fez o maior sucesso e foi eleito o campeão daquele ano.

Essa foi uma época de realização pessoal para o meu pai e de prosperidade para a nossa família, que tinha crescido mais um pouco com o nascimento da Glória e da Cristiane. Agora eram seis filhos – eu seria o próximo a nascer, e depois a oitava e última irmã, Claudeci.

Além do trabalho no cais, meu pai tinha três ou quatro pontos na feira, nos quais a família se revezava vendendo verduras e legumes, e assim podia engordar a renda. A casa estava sempre cheia de amigos, todos reunidos em volta do grande abacateiro no meio do quintal. Era roda de samba, pagode, churrasco, peixada, feijoada, festas que iam até tarde e às vezes continuavam no dia seguinte.

A alegria era tanta que ninguém imaginava que aquela fase pudesse acabar um dia. Mas os anos de glória da minha família estavam prestes a terminar.

3. Pequeno grande homem

Fui o sétimo filho de Gerusa e José Carlos. Nasci na manhã do dia 20 de janeiro de 1979, dia de São Sebastião, e era como se essa data já tivesse sido escrita.

Minha avó, desde o início, dizia que o bebê seria um menino, e que nasceria no dia de São Sebastião. Para ela, cada santo tinha um significado, e este representava a força e a persistência. Seguindo uma tradição da família que começou com minha bisavó, a avó Adalgisa sempre fazia algum tipo de simpatia para saber o sexo das crianças que nasciam. Ela nunca errava, mas minha mãe decidiu que iria a um terreiro mesmo assim para confirmar aquela profecia.

Dona Gerusa tinha seus motivos. Quando descobriu que estava grávida, pensou em tirar. Ela e meu pai já tinham seis filhos, e não estavam planejando ter mais um. Talvez por isso quisesse saber mais sobre meu nascimento, tentando se convencer de que aquela história da minha avó era mesmo verdade.

Não sei exatamente quando ela desistiu daquelas ideias e colocou na cabeça que levaria a gravidez adiante – minhas irmãs acham que foi quando esteve no tal terreiro. Minha mãe conta que, quando chegou ao local, foi recebida por uma velha imponente, sentada numa poltrona. A senhora estava de olhos fechados, como se estivesse meditando.

– Salve! – disse, quando a viu.

Em silêncio, alisou a barriga da minha mãe e rezou por alguns minutos. Depois de um tempo, repetiu misteriosamente as palavras de minha avó:

– É menino e vai nascer no dia de São Sebastião.

Por isso, era como se já estivesse tudo preparado naquele domingo quente de janeiro. Perto das sete da manhã, minha mãe começou a sentir as contrações do parto. A barriga já estava imensa, quase passando dos nove meses, e ela suava frio encostada no dorso do sofá da sala. Minhas irmãs menores corriam de um lado para o outro querendo ajudar, enquanto meu pai tentava conseguir motorista para levá-la ao hospital. Não houve tempo, e a avó Adalgisa sabia disso. Lentamente, foi se preparando para o que talvez no fundo desejasse desde o início: ela mesma faria o parto. Aquele não seria o primeiro, nem o segundo, mas um dos muitos partos que, desde mais jovem, foi acumulando na bagagem das experiências. Só na nossa família, seria o terceiro – o primeiro foi o da minha irmã Glória; o segundo, da minha irmã Cristiane.

Com firmeza e ao mesmo tempo ternura, minha avó abriu as cortinas do quarto e limpou a cama para minha mãe se deitar. Cláudia e Glória, então com seis e quatro anos, entravam e saíam a todo instante do quarto, querendo ajudar minha avó, levando panos limpos e água morna até a cama. Às vezes, se cansavam e iam lá para fora, de onde continuavam assistindo a todo aquele espetáculo por detrás da fechadura.

Com suas mãos simples, calejadas até, mas ainda assim marcadas de sabedoria, a avó Adalgisa me trouxe ao mundo. Eu estava em boas mãos – sem dúvida, as mais indicadas para me conduzir naquela travessia do aconchego para o lado de cá da vida. Sabendo disso, ela me retirou com todo o cuidado do ventre de minha mãe, me enrolou em um pano limpo e me envolveu em seus braços. Olhou fundo nos meus olhos, ainda semicerrados. Minha mãe conta que, enquanto me admirava, o olhar dela tinha um brilho quase mágico, que irradiava luz por todo o cômodo. Então sussurrou:

– Sebastião Carlos dos Santos. Este vai ser o seu nome. – E continuou, como se eu pudesse entender o peso de cada frase: – você vai ser um grande homem.

Com essas palavras, minha avó começava a selar o meu destino.

O nome que me deu era uma dupla homenagem. Primeiro, ao santo com quem dividi a data de nascimento, São Sebastião. Segundo, ao meu pai, que queria me dar seu nome, José Carlos. Ele achava que eu seria o último filho homem, como de fato fui, e queria deixar seu nome por mais uma geração. Para agradar gregos e troianos, minha avó propôs misturar os dois, harmonizando palavras que pareciam querer romper os simples significados.

Assim era minha avó Adalgisa: uma pessoa que dizia o que queria dizer nas entrelinhas do seu silêncio e na força de sua humildade. Além de parteira, era rezadeira e curandeira. Não sabia ler nem escrever, mas tinha sensibilidade para ler a alma do outro e sabedoria para entender suas dores físicas e espirituais.

– Você já viu como essa senhora faz milagres? – comentava o pessoal da vizinhança, impressionado com o poder de sua fé, que contrastava com a fragilidade de seu corpo já comprometido pela idade.

Aquilo que o médico não tinha conseguido curar, as pessoas iam pedir à minha avó. Em sua casa simples, pequenina, as paredes ainda no reboco, ela atendia a pobres, ricos, crentes e ateus. Sabia que as famílias que iam procurá-la já tinham feito de tudo, recorrido a todos os tratamentos possíveis, e não havia mais a quem pedir. Ela era a última esperança. Então pegava seus terços e se punha a rezar com fé pela cura de quem quer que fosse.

Vó Adalgisa tinha se mudado para o Rio pouco depois de meu pai ter vindo com minhas irmãs, alguns anos depois do falecimento do meu avô Agostinho. Às vezes, no fim de tarde, eu e meus irmãos estávamos brincando no quintal da casa dela quando víamos estacionar um carrão em frente à porta. Já sabíamos que era alguém voltando para agradecer. Os mais ricos sempre ofereciam dinheiro, mas minha avó nunca aceitou. Outros traziam cestas básicas, sempre necessárias, tamanha a quantidade de filhos e netos – eu, inclusive – que ela tinha para cuidar.

Aos sete anos, tive a chance de ver de perto como funcionavam seus rituais. Foi numa noite em que estava sozinho em casa – minha mãe ainda estava no aterro e minhas irmãs tinham ido a uma festinha na rua. Alguns dias antes tinham aparecido umas feridas vermelhas por todo o meu corpo, mas os médicos não sabiam dizer o que era. Minha avó foi até nossa casa para me ver e eu estava queimando em febre. Sem dizer nada, foi até o quintal e voltou com algumas ervas, que espremeu do jeito que dava, e em seguida passou sobre as feridas. Ao mesmo tempo, rezava o "Pai nosso" e a "Ave Maria", repetidas vezes, enquanto fazia o sinal da cruz sobre a minha cabeça. Lembro que ela segurava um galho, que ficava de molho dentro de uma vasilha com água. Enquanto rezava, sacudia o galho na minha direção, como se estivesse jorrando água benta. Sempre que rezava pela cura de alguém, tinha um galho parecido nas mãos, e a reza só terminava quando ele amolecia, que era quando "puxava" para si todo o mal.

Aquela cena me marcou muito, e ainda hoje consigo ver minha avó Adalgisa ao lado do meu colchão, sua figura magra e esguia – ela tinha quase 1,90 de altura –, seus braços longos, os olhos expressivos disputando a atenção com um sinal amarronzado que tinha no meio da testa. Lembro que, naquela mesma semana, todas as feridas que eu tinha pelo corpo sumiram.

Minha avó aprendeu todo esse ritual de rezas quando morava em Recife. Quem lhe ensinou o poder da cura pela oração foi Dona Rosária, uma senhora muito humilde que morava perto de sua casa, conhecida por sua imensa generosidade. Era cega de um olho, tinha os cabelos todos brancos, e vivia apoiada sobre um velho cajado de madeira.

Para meus irmãos e eu, que éramos ainda pequenos, aquele misticismo das duas tinha um quê de feitiçaria. Com o tempo, fui entendendo que o segredo daquilo tudo estava na fé. O trunfo de minha avó era sua sabedoria de anos e anos vivendo as grandes tristezas e as pequenas alegrias da vida.

FOI NUM MEIO ASSIM, QUE misturava a fé de minha avó e a liderança de meu avô, que eu dei meus primeiros passos, sabendo que não levaria muito tempo para aprender a caminhar sozinho.

Quando nasci, ainda vivíamos momentos de prosperidade em casa. Além do cais e das festas, tinha também o trabalho na feira, que nessa época completava o tripé sobre o qual se equilibrava a nossa família.

Quem gostava de me levar à feira era meu irmão Rogério, 12 anos mais velho que eu – na época, ele devia ter uns 16. Eu acordava cedo, antes das cinco e meia da manhã, e já me colocava a postos. Ele me arrumava do jeito dele, cuidava de mim como se fosse um pai, e pedia que eu o ajudasse a vender. Pegava uns caixotes, me fazia subir e ia ditando o que eu deveria dizer para chamar os clientes:

– Ô, freguês, tomate fresquinho!

– Ah, olha lá que fofo! – passava uma menina comentando com a outra, atraída por aquele molequinho pequeno e desajeitado, cantando os preços dos legumes sobre as caixas de madeira.

– É meu filho – Rogério dizia, sempre querendo impressionar as garotas.

EU TINHA QUATRO ANOS QUANDO a grande mudança começou a acontecer. Ainda era muito pequeno para entender, mas podia notar os sinais de uma nova vida que batia à porta e queria logo entrar e se sentar conosco. De repente, a casa foi ficando triste, já não víamos as rodas de samba em volta da mesa do almoço. O quintal foi ficando vazio; a grama, crescendo, sem ninguém para aparar.

Meu pai começou a chegar mais cedo do trabalho, o brilho se perdendo dos olhos, a tristeza estampada no rosto. O cais tinha começado a se modernizar, e o transporte passava a ser feito por contêineres, capazes de transportar, sozinhos, dezenas de cargas de modo muito mais eficiente e seguro, substituindo aos poucos a força dos estivadores. Para eles, sobrava agora o trabalho de operar os guindastes que conduziam os contêineres dos navios aos armazéns.

Era preciso reaprender um novo ofício aos 50, 60 anos de idade, reciclar o trabalho de toda uma vida para continuar na disputa por uma vaga de emprego mal pago e desgastante. A mudança fazia parte de uma proposta do governo de modernização, concluída em 1993, com a extinção da Portobras, empresa estatal que até então explorava os portos.

Foi assim que meu pai perdeu o emprego. Foi assim que viu seu trabalho e sua dignidade escorrerem pelo ralo do cais, enquanto insistia em bater o ponto todas as manhãs na esperança de que as máquinas ainda não tivessem dominado todo o processo.

De frente para o porto, acompanhou sua derrota, o serviço que prestava perdendo a utilidade, o sindicato perdendo a força e a importância. Como não havia mais nada a descarregar, era obrigado a voltar para casa. Sem conseguir lidar com as mudanças, mergulhou na bebida, afogando-se num vício sem volta.

A situação foi piorando. Meu pai já não estava mais consciente de sua responsabilidade como chefe da família, embora continuasse morando conosco. Era preciso colocar comida em casa, encontrar uma nova maneira de sobreviver. Foi então que minha mãe percebeu que não tinha outra solução. Sem aviso ou escolha, tinha chegado a hora de ela mesma assumir a família.

4. Lixo dá dinheiro?

Assim que se deu conta da situação, minha mãe já estava de volta ao trabalho. Mas o que ela tirava como faxineira, apesar da rotina puxada, não dava conta dos gastos de uma família grande como a nossa. Ela conseguia por mês uns 800 reais que tinha que administrar entre as despesas da casa, a comida, os remédios e o que mais eu e meus sete irmãos pudéssemos precisar. Minha mãe rezava, pedia ajuda aos vizinhos, se arriscava fazendo bicos, mas essa ginástica nem sempre era suficiente para fechar as contas do mês.

Até que, um dia, uma oportunidade sem nome ou endereço bateu à nossa porta. Minha irmã Claudia, que na época não tinha mais que dez anos, brincava com as amiguinhas na varanda lá de casa quando um assunto de adulto se destacou na conversa infantil:

– ... minha mãe trabalhou ontem e já tirou dinheiro para as compras do mês todo – Dona Gerusa ouviu uma das meninas dizer, assim, pela metade, mas num primeiro momento não levou muito a sério. Ela podia ter se enganado, ou estava só inventando para chamar a atenção das outras.

Mas a menina repetiu, dizendo que a mãe tinha conseguido o tal trabalho havia poucos dias e, para a surpresa de todos, a vida da família já era outra. Aquilo soou estranho demais para minha mãe, que só conhecia uma maneira de conseguir dinheiro tão fácil. "Será que a mãe dela é traficante?", perguntou a si mesma, tentando entender.

Mas Dona Gerusa nunca foi mulher de deixar as coisas para lá, sem uma explicação que a convencesse. E se a amiga da Claudia estivesse falando a verdade? Quando a viu de novo, brincando na rua ali perto da nossa casa, foi logo perguntando tudo o que podia.

– É na rampa, tia. É lá que a minha mãe trabalha.

– E onde é que fica essa tal de rampa?

– Lá onde as carretas colocam lixo.

– Mas lixo dá dinheiro?

Essa resposta ela teria que descobrir sozinha. E o único jeito era ir ver com os próprios olhos que trabalho misterioso era aquele, na rampa. No dia seguinte, falou com a mãe da menina, que era nossa vizinha de rua, e combinou de acompanhá-la até seu local de trabalho. Por via das dúvidas, pediu que minha tia Márcia, que morava perto, fosse junto com ela.

Na manhã da visita, minha mãe e minha tia saíram de casa bem cedo, por volta das cinco horas. A vizinha já estava na esquina. Foram a pé, seguindo a moça, que fazia questão de caminhar mais à frente, como que mantendo certa distância, sem dar muita conversa, parecendo mesmo incomodada com a situação. Era como se tentasse esconder onde trabalhava ou o que fazia – parecia até que era um trabalho ilícito –, mas minha mãe estava decidida a ir até o fim.

Depois de quase uma hora de caminhada, chegaram até a grande portaria do aterro. Uma placa verde anunciava aos passantes em letra de forma: "Aterro Metropolitano de Jardim Gramacho". Subiram a longa rampa que levava até o aterro propriamente e, quando chegaram ao que parecia o destino, a mulher que as conduzia entrou num quarto, uma espécie de galpão, e foi trocar de roupa. Vestiu umas calças velhas, blusa desbotada e tênis bastante sujos. Jogados pelo quarto, tinham alguns pares de tênis velhos. Sem puxar muito papo, ela mostrou os sapatos e aconselhou que os calçassem:

– É para a segurança de vocês, porque lá é muito perigoso – e saiu andando à frente, sem dizer mais nada sobre o que fazer. Minha mãe e minha tia se entreolharam, calçaram os tênis e foram caminhando, o olhar percorrendo cada espaço e cada vazio, até chegar à área de vazamento de lixo.

Já diante da rampa, entre sobras amontoadas e caminhões que a toda hora entravam e saíam – ao todo, mais de 40 veículos estavam autorizados a transitar dentro do aterro –, minha mãe se deu conta de onde estava: o cheiro forte de comida já podre, a água parada atraindo mosquito e doença, todo tipo de resíduo se misturando num mesmo monte, urubus sobrevoando aquele mar de lixo atrás do que comer.

Destoando daquilo tudo, e quase desaparecendo no meio de tanta velharia e sujeira, dezenas de trabalhadores quase a convenciam a crer no milagre de fazer dinheiro ali, mesmo a partir daquelas condições.

– E o que as pessoas fazem para ganhar dinheiro aqui? – minha mãe perguntou, ainda atônita, a um rapaz que passava por ela, com uma sacola pendurada nos ombros.

– Ué! Trabalha – ele disse, sem entender exatamente qual era a dúvida.

– Mas é que nós nunca trabalhamos nisso, o que tem que fazer? – minha tia emendou, tentando ajudar.

– É simples: quando aquele carro ali cair, vocês vão – e apontou para a carreta que chegava, enquanto estendia a elas uma lona e dois sacos daqueles pretos, de lixo.

Não era tão simples. Para quem nunca esteve lá, não é tão fácil quanto pode parecer. Era tudo novo para as duas, que ainda não sabiam como aquela engrenagem funcionava. Não poderiam, pelo menos ainda, compreender a lógica de fazer dinheiro catando restos de coisas para vender.

Minha tia tomou a frente. Não tinha receita, a dica era seguir os outros. Juntou seus sacos, subiu a montanha de resíduos, postou-se na parte mais alta do monte e começou a recolher, a princípio meio desajeitada, o que os outros recolhiam também. Quem decidia o material que devia ser catado – com o tempo, fomos aprendendo – eram os depósitos de reciclagem, os famosos ferros-velhos, para os quais vendíamos depois.

Minha mãe resistiu o quanto pôde. Ficou um tempo parada, com o olhar perdido. Não conseguia encarar assim, com naturalidade, aquela nova opção que se impunha. Estava arrependida de ter ido, queria voltar para casa, ou melhor: queria nunca mais ter que pisar ali de novo. Se daquilo não dependesse a nossa sobrevivência, sem dúvida teria desistido. Mas não foi o que fez. Ao contrário, tomou coragem, subiu no lixo e começou a encher os seus sacos também.

Quando parecia estar perdendo as forças, fechava os olhos e pensava em cada um de nós oito, no que tomaríamos no café da manhã do outro dia, ou se teríamos o que comer na hora do almoço. Àquela altura, só rezava para conseguir tirar dali o dinheiro necessário pelo menos para o dia seguinte, nem que fosse para uma única refeição. Nem que fosse do próprio lixo.

Sem saber o que as esperava, trabalharam duro o dia inteiro, desviando dos pedaços de ferro e vidro enquanto corriam atrás de resíduos plásticos e garrafas PET, juntando o máximo possível de material. A jornada foi longa: quase 20 horas em pé, com pequenas pausas para comer alguma coisa ou aguardar os novos caminhões que estavam para chegar.

Perto das quatro horas da manhã, o desgaste era nítido: os pés e as roupas pretos, as costas doídas, as pernas moídas, a fome, o sono, a repulsa. As duas haviam enchido oito lonas de material. Era hora de parar. O passo seguinte era transportar as lonas até a parte de baixo, onde o material seria devidamente pesado e vendido dali a pouco.

Enquanto tia Márcia tentava levar a experiência como se fosse outra qualquer, talvez por ser mais nova, não ter filhos ou grandes responsabilidades, minha mãe não conseguia esconder o medo que tinha de tudo o que podia acontecer. Para ela, estar ali era o fim da linha, talvez o limite da sua dignidade. Minha tia tentava lhe mostrar que trabalhar catando lixo não era o fim do mundo, como a velha parecia acreditar:

– Ei, Gerusa, se acalma. Os caras aqui são todos trabalhadores, só que trabalham aqui. Se você vier trabalhar aqui também, vai ter que se acostumar.

– Isso, não. Quando eu descer, não volto nunca mais.

Minha tia foi buscar dois carrinhos, e as duas transportaram os resíduos acumulados nas lonas ladeira abaixo. Agora era só esperar o rapaz responsável pelo depósito chegar, para pesar e comprar o material recolhido.

Às cinco horas da manhã, formou-se uma fila para a pesagem.

– Gerusa! – gritou o rapaz.

Era a vez de a minha mãe receber o que cabia às duas. Atentas, elas conferiram o visor da balança: as oito lonas que tinham conseguido encher somavam, ao todo, 200 quilos de material. Apesar da grande quantidade, nenhuma das duas poderia estimar quanto pagariam pelo lixo recolhido. Até pouco tempo, na visão delas, lixo não tinha valor algum. Quanto teria passado a ter? O suficiente para comprar o leite do dia seguinte, talvez, mais o almoço dos pequenos.

Mas deu para mais. Minha mãe não contou as notas na hora, mas lembra bem que era "um pacotão de dinheiro" – provavelmente a quantia que ela tirava trabalhando duas semanas como faxineira, ou até mais. Primeiro achou que tinham errado a conta, dado mais do que deviam, mas depois ficou sabendo que era aquilo mesmo. Foi quando entendeu que, sim, lixo dá dinheiro.

Quando chegamos da escola e vimos a mesa posta, pensamos: "nossa mãe ficou rica!". Era queijo, presunto, leite, café, um monte de coisa boa e que já não víamos em casa fazia muito tempo. Minha mãe tinha passado na padaria e no açougue na volta do trabalho, comprado carne, macarrão, feijão, ovos... E o tal dinheiro ainda tinha sobrado.

Vendo a nossa felicidade, a mesa cheia e a família de novo reunida, minha mãe não teve escolha. Ela se lembrou do que tinha dito no lixão

– que nunca mais voltaria a colocar os pés lá, que aquele tipo de trabalho não era para ela –, mas estava na hora de rever seus conceitos e os nossos também.

Foi quando Dona Gerusa percebeu que trabalhar no lixo, apesar de todos os perigos, da exposição a doenças, dos acidentes frequentes, não era bem uma escolha. Era a única opção, a saída que ela vinha procurando – e parecia ter finalmente encontrado – para nos sustentar.

Com o tempo, contrariando todas as expectativas, aquele espaço marginalizado, que num primeiro momento exclui quem faz parte dele, que parece reduzir as pessoas a algo menor, acabou devolvendo à minha família a dignidade que ela tinha perdido. É estranho dizer isso, e mais estranho ainda pensar que um lugar como o lixo possa incluir, mas foi exatamente isso o que fez com a minha família.

Meu pai, assim que viu minha mãe trazendo as compras naquela manhã, quis saber tudo do novo trabalho. Apesar do que acontecia, eles procuravam viver como amigos. Na semana seguinte, ele e meu irmão Nilson já estavam trabalhando no aterro também. Depois de minha mãe e tia Márcia, eles foram os primeiros da nossa família a se aventurar no novo trabalho, e numa época especialmente delicada.

A verdade é que o lixão dava muito dinheiro. A venda de material potencialmente reciclável, aquele que já se separou da matéria orgânica e pode ser reaproveitado, movia uma indústria gigante do outro lado. Nós, catadores, fazíamos a roda girar do lado de cá, e, ainda que alheios à totalidade do processo, não tínhamos dúvida de que a atividade dava dinheiro. Embora nunca tenhamos tido acesso aos números de fato, o tamanho da estrutura que conhecemos hoje ajuda a dar uma ideia: 600 caminhões de grande porte faziam o transporte das 8 mil toneladas de lixo que caíam no aterro por dia, das quais 200 toneladas se transformavam, pelas mãos dos catadores, em material reciclável.

O problema era a falta de controle disso tudo, que vinha do governo ou mesmo de empresas privadas. Por um bom tempo, um pequeno grupo de catadores, não mais que 30 pessoas, controlou tudo ali dentro:

quem entrava, saía, o que se podia ou não catar. Eles eram os únicos autorizados, digamos assim, a transitar livremente em qualquer hora do dia. Quem não fizesse parte do grupo, como a minha família e as de outros amigos que fizemos lá, só podia circular à noite. E, se de dia já era perigoso, de noite era ainda pior. Era comum catador deitar num canto para descansar de madrugada e ser atropelado pelos caminhões que chegavam para descarregar no breu, sem nenhuma segurança ou iluminação. Por isso, também, a presença de crianças ali, ainda mais nesse início, era tão condenada pela minha mãe.

É verdade que, anos depois, algumas empresas, com o suporte do governo, deram início a um movimento para pôr ordem na casa, tentar organizar as coisas. O problema é que elas criaram regras demais, que em vez de ajudar acabaram roubando a única opção de trabalho que havia restado aos catadores.

O que sei é que quando subi a rampa aquela primeira vez, para levar comida, algumas coisas já eram diferentes. Por exemplo, já podíamos trabalhar de dia, e o tal grupo que monopolizava a circulação no aterro já não apitava tanto. Por isso, minha mãe acabou cedendo aos meus pedidos para acompanhá-la outras vezes. A verdade é que Dona Gerusa também queria me manter por perto, longe das más influências, e principalmente longe de droga.

Dos 8 aos 12 anos, eu ia ao aterro basicamente para brincar. Eu ia mesmo para levar o almoço, depois do colégio, mas sempre acabava ficando, distraído diante de tanta novidade. Enquanto meus irmãos mais velhos já trabalhavam, eu e minha irmã Claudeci podíamos nos divertir um pouco mais naquele espaço que nossa inocência não permitia discriminar. A idade nos fazia encarar aquilo, num primeiro momento, sem os preconceitos dos adultos. Mesmo os mais humildes, todos, de alguma forma, tinham consciência da existência de outras formas de trabalho e de vida, e de que aquela estava longe de ser valorizada. Nós, não. Não conhecíamos outras possibilidades, e por isso era mais fácil conviver com aquilo tudo. Ou deveria ser.

Nós brincávamos como qualquer outra criança. O detalhe era que o lixo, ou parte dele, acabava sendo sempre parte das nossas brincadeiras, como os objetos – a maioria em perfeito estado – que eram despejados pelas companhias aéreas no aterro como lixo.

Na época, todo o lixo gerado pela Infraero era jogado no aterro por um caminhão próprio. Por isso, era comum ver restos de comida, que iam para o lixo realmente, se misturando com pacotes fechados de biscoito e geleia, e também com garrafas caras de vinho e uísque. Eles descartavam também pratos de porcelana, taças de cristal, tudo com o símbolo da companhia. Sem compreender a dimensão do desperdício, nós embarcávamos na viagem e transformávamos tudo aquilo numa grande brincadeira, fazendo de conta que estávamos num avião de verdade, que viajávamos para outros países, que eu era o piloto e minhas irmãs, as aeromoças. Mas a verdade é que eu ficava sonhando, em segredo, com o dia em que poderia consumir tudo aquilo de uma forma digna.

Quando esse dia chegou, não foi bem como eu tinha imaginado. A história, contando hoje, é engraçada até para mim: minha primeira viagem de avião foi na classe econômica, em 2005. Eu estava ansioso pela hora em que serviriam a comida, na expectativa de me deparar com pelo menos parte daquele luxo que víamos no aterro. Então veio a aeromoça com uma barrinha de cereal e meio copo de suco:

– Sua refeição, senhor.

"Refeição?", eu fiquei pensando. Para mim, foi a maior decepção. Parece que, mesmo quando você consegue chegar lá, ainda não chegou. É a exclusão social de novo. Por isso, hoje, quem me conhece sabe por que implico tanto com essa tal barrinha de cereal.

5. Família de catador

Minha mãe e minha tia jamais poderiam imaginar que, apesar de todos os perigos, a rampa um dia se tornaria a principal fonte de renda da nossa família, ou que, graças a ela, conseguiríamos transformar de novo as nossas vidas.

Tudo aconteceu muito rápido, no ritmo das nossas necessidades. Com o tempo, minha família toda estava trabalhando no aterro. É assim que funciona: família de catador trabalha sempre junta, dividindo riscos e responsabilidades, da rua e de casa. No lixão, conhecemos várias outras famílias que viviam nas mesmas condições – a família da Dona Zefinha, a família do Bino, a do falecido Rildo, a do Romildo –, e fomos aprendendo a dividir com elas o mesmo cotidiano, criando laços que ultrapassavam os muros de casa. Nossa vizinha, Dona Antônia, às vezes até banho nos dava e, aos domingos, quando minha mãe não estava em casa, gostava de nos levar à igreja. Tinha também a Dona Vitória, que me protegia das brigas com os meninos da rua de baixo, e sempre guardava um pedaço de bolo para repartir conosco depois das festas.

O mesmo acontecia na hora de pegar pesado no aterro. Minha mãe e as amigas mais próximas – como Ana, Regina, Marlene e Shirley, todas mães solteiras – volta e meia catavam em "truta", o apelido que nós dávamos a um esquema de trabalho solidário bem comum ali dentro. Nesse esquema, cada dia era o dia de uma do grupo, e nesse dia todas se comprometiam a doar o que catassem àquela que estivesse precisando mais. Ninguém obrigava ninguém a trabalhar assim, mas acabava sendo natural, pela amizade e principalmente pela nossa maneira de encarar as coisas, sempre dividindo os problemas e as soluções.

Era um jeito diferente de viver e conviver, sem julgamentos, sem medidas. Foi quando entendi pela primeira vez o peso da palavra comunidade e o que significava fazer parte de uma – esse lugar onde as pessoas compartilham mais ou menos dos mesmos valores, se ajudam, estão à disposição uma das outras. Diferente da lógica do condomínio, onde ninguém se conhece, onde se evita estreitar os laços. O vizinho encontra o outro no elevador e o máximo de interação – isso quando tem alguma – é o "bom dia". Na favela, não é assim. De certa forma, não existe lado de fora e lado de dentro, mas uma mistura: o trânsito é livre. As pessoas conhecem todos os vizinhos, convidam você da janela para entrar na casa delas. Porque o que faz a vida em uma comunidade é essa noção do "nós", uma força que une apesar das diferenças e independente do sobrenome.

Foi num lugar mais ou menos assim, na periferia de Duque de Caxias, que eu nasci e vivi até os 21 anos. Tinha todo um espírito de colônia nordestina – nossos vizinhos de bairro tinham vindo de Pernambuco na mesma época que meus pais, todos atrás de um canto para viver aqui no Rio –, tanto que, até os anos 1990, o bairro onde morávamos ainda era bem rural. Não tinha asfalto, era só morro e mato para todos os lados. Nós criávamos bicho, fazíamos horta. Podia brincar e correr na rua, sem os perigos que há hoje.

A verdade é que tivemos uma infância privilegiada. Tínhamos liberdade, um canto nosso, o afeto da nossa mãe, e sempre fomos muito unidos, eu e meus sete irmãos. Quatro deles – Claudeci, Glória, Cláudia e Rogério –, talvez pelas circunstâncias da vida, acabaram mais presentes nesses meus primeiros anos. Foi com eles que dividi os melhores momentos da minha infância, ainda hoje bem vivos na memória.

Minhas irmãs mais velhas, quando eu era mais novo, tinham mania de me superproteger. Queriam me defender de tudo e de todos, brigavam com os vizinhos na rua, com os meninos do meu colégio, com qualquer um que viesse cantar de galo. Ao contrário delas, eu sempre fui mais quieto. Claro que fazia bagunça como toda criança, mas nunca fui de brigar, gostava de resolver as coisas conversando, até hoje sou assim. Com o passar dos anos, algumas coisas mudaram, mas a minha essência continua a mesma. Brinco que sou da paz, sim, mas criado para a guerra.

Eu e a Claudeci, a caçula dos oito, sempre fomos muito amigos. Estávamos sempre juntos, gostávamos das mesmas brincadeiras e, o principal, aprontávamos todas – com as nossas irmãs mais velhas, com os vizinhos na rua, com os colegas na escola. Lembro que um dia, não sei bem o que houve, decidimos fugir de casa. Fizemos uma trouxinha para levar nas costas e partimos no fim da tarde. Estávamos dispostos a ir para bem longe – o mais longe que conseguíssemos. E foi o que fizemos. Nunca caminhei tanto! Cheguei a pensar que tínhamos saído do país, de tanto que caminhamos. Foi quando nos encontraram, e ainda estávamos ali dentro do bairro, muito perto da nossa casa, que percebi que nossos passos ainda tinham um bocado a crescer.

Depois de um tempo, passamos a andar em trio: eu, a Claudeci e um primo nosso, o Binho – éramos inseparáveis. E adorávamos uma confusão, vivíamos implicando com alguém. Tinha vezes que subíamos em árvores do quintal de casa, umas que beiravam a rua, com uma sacola de pedras nas mãos, só esperando para jogar nos meninos da rua de baixo – que nós chamávamos de cachaceiros, porque a família de um deles bebia muito. Eles se juntavam e subiam a rua para brigar. Daí a nossa vingança. Nós ficávamos no topo, à espreita. Quando víamos que estavam dobrando a esquina, a guerra começava. Era um deus-nos-acuda, eles saíam correndo, arremessavam pedra também. Hoje não tem mais essa rixa, somos amigos – um deles, o Jonny, virou até meu compadre –, mas isso depois de muita briga e pedrada.

Aliás, implicar com os vizinhos, merecessem eles ou não, era a nossa especialidade. Uma das nossas brincadeiras mais divertidas era a da cobra no meio do mato para assustar quem passava. E tinha toda uma produção. Nós pegávamos aquela espada-de-são-jorge – uma planta de folha comprida, famosa por espantar mau-olhado –, batíamos várias vezes a folha no chão, até amolecer, amarrávamos uma linha preta numa das pontas e nos escondíamos no mato, segurando a folha pela linha. O plano era simples: ficar de sentinela e puxar quando alguém passasse. O pessoal costumava se assustar, achando que era uma cobra de verdade, pulava, gritava de susto, e isso era sempre muito divertido. Até que uma vez armamos para um sujeito que estava passando com um botijão de gás na cabeça. Puxamos a linha, ele tomou o maior susto da vida e o botijão caiu bem em cima do pé dele. Ainda bem que não foi grave, mas deu a maior confusão: ele nos ouviu rindo atrás da moita, descobriu que era armação, saiu correndo atrás de nós, tentou invadir a minha casa, até pedrada deu. Sorte que a porta era de madeira e, como era dia de trabalho no aterro, não tinha ninguém em casa.

Minha mãe, assim que descobriu a rampa, ia trabalhar quase todos os dias. A jornada de trabalho era intensa e, em pouco tempo, mobilizou toda a família. Quem cuidava da gente, nessa época, enquanto os outros ajudavam no aterro, era a minha irmã Glória. Ironicamente, a menos paciente dos irmãos, ainda mais para cuidar dos mais novos. Ela devia ter uns 11, 12 anos, e tudo o que acontecia era motivo para brigar e bater em nós. E como gostava de mandar... Que fôssemos comprar comida, catar cigarro, ou fazer qualquer outra coisa que lhe desse na telha.

Sim, porque a Glória sempre gostou muito de fumar. E adorava nos pedir para catar guimba de cigarro nas portas dos botequins para ela. Nós íamos, não era assim difícil de encontrar. Até que um dia, era final de tarde, não conseguimos achar nada. Andamos por tudo e nem sinal de guimba, parecia até que, justo naquela tarde, tinham resolvido varrer todas as calçadas da cidade. Já estávamos desesperados, só pensando na surra que a Glória nos daria se aparecêssemos em casa com as mãos abanando. Foi quando a sorte começou a soprar para o nosso lado: estávamos cabisbaixos voltando para casa quando um amontoado de coisas jogadas na calçada, num canto meio escuro, me chamou a atenção. Era um despacho de pombajira, com umas plantas estranhas, duas velas, meia dúzia de rosas vermelhas e dois – eu disse dois! – maços de cigarro dando sopa. Eles faziam parte da macumba, eu sei, mas a nossa situação era tão crítica que nem deu para pensar muito. "Os orixás vão entender", eu pensei, e fui todo afoito pegar o maço.

– Pera, Tião! Lembra o que a tia Márcia falou? Tem que fazer xixi na mão, se não a macumba pega.

Era verdade, ainda tinha aquela. Como só estávamos a Claudeci e eu, acabou sobrando para mim o serviço sujo.

– Glória, olha que sorte, o bêbado passou e deixou cair – fomos dizendo assim que chegamos em casa, levando os maços da macumba.

Ela ficou bem feliz com os cigarros, acho que nem desconfiou. Talvez tenha estranhado os maços estarem fechados, mas ela que costumava fumar só o toco, nem disse nada. Faz pouco tempo decidimos contar a história verdadeira, e ela só riu. Hoje, brinca dizendo que agora entende por que suas coisas nunca dão certo.

Mas nem sempre o final das nossas histórias com a Glória foi assim, feliz. Quando a coisa não saía como imaginava, ela já vinha pronta para bater, e não tinha apelo nenhum que a sensibilizasse. Como quando compramos umas bananas meio podres na mercearia do Seu Alexandre, sem nem sonhar que isso causaria tanta confusão.

Mas é bom dizer que a culpa dessa enrascada foi toda do Seu Alexandre, um português de sotaque bem carregado, dono da principal vendinha lá na vizinhança, que vinha sempre com uma gracinha. Sempre que íamos lá, só a Claudeci e eu, ele tinha que nos pregar uma peça:

– Queres tomate para salada ou tomate para molho? – ele começava, com aquele sotaque forte. Pedíamos para salada, como a Glória mandava, e Seu Alexandre enchia a sacola de tomates fresquinhos.

Até que um dia fomos comprar banana, e a história se repetiu, só um pouquinho diferente:

– Queres banana para vitamina ou banana para doce?

Sempre pedíamos para vitamina, porque a Glória gostava mais, mas nesse dia ela não disse nada e achamos que não teria problema variar um pouco.

– Para doce.

Ele abriu um sorriso de lado, foi lá dentro e voltou carregando nos braços uma caixa imensa de banana. Estavam meio escuras, mas para nós não fazia muita diferença. Chegamos em casa quase arrastando a tal caixa, cada um por uma das alças, as bananas caindo pelo caminho, imaginando que a Glória ficaria superorgulhosa da nossa compra – na nossa cabeça de criança, chegar com aquela quantidade toda de cachos parecia mesmo um bom negócio. Só que ela não ficou nem um pouco feliz. Ao contrário: quando viu o estado das bananas, praticamente podres, não perdoou. Apanhamos muito, é verdade, mas pelo menos aprendemos a lição: banana para doce nunca mais – a Glória é que tinha razão.

Graças a Deus, a Glória não ficou muito tempo tomando conta de nós. É que ela logo foi trabalhar na rampa com a minha mãe, e quem assumiu o lugar dela cuidando dos menores – de mim, da Claudeci e da minha sobrinha Juliana, filha do meu irmão Rogério – foi a Cláudia, nossa irmã mais velha. Na ausência da nossa mãe, que tinha que fazer o papel de mãe e de pai, a Cláudia resolvia de tudo: levava ao médico, ao colégio, ia à reunião de professor, ajudava no dever, fazia comida, lavava a roupa, colocava para dormir, ensinava o que era certo e o que era errado, como se fosse nossa mãe de verdade.

Todo fim de mês, quando tinha que fazer as compras, Cláudia nos levava com ela. Íamos até o Rainha, um supermercado que tinha perto da nossa casa, e ela nos deixava escolher chocolate, biscoito, essas coisas que criança gosta. Quando podia, ainda nos levava para almoçar num restaurante, e eu comia sempre pizza ou bauru, que era o meu "prato" favorito. A Cláudia sempre foi muito amorosa, fazia tudo com paciência. Era mais calma que a Glória, e também mais maternal. Por isso, acabou ficando conosco por mais tempo, na verdade até começarmos a trabalhar na rampa também.

O engraçado é que, apesar de todas as encrencas na infância, hoje em dia a Glória é a irmã com quem mais tenho afinidade – com quem passei a dividir todas as responsabilidades de trabalho, e também alguns pensamentos, os sonhos, os projetos de vida. Às vezes, é claro que nós discordamos e temos que colocar os pingos nos "is", mas isso é normal. Com a vantagem de que, hoje, a cumplicidade ameniza as diferenças.

Quanto a meus irmãos homens, o mais paternal era, sem dúvida, o Rogério, muito mais que o Nilson. Ele gostava de cuidar de nós, ensinar o que sabia, dar atenção, levar para passear. Era afetuoso com todos os irmãos, embora um bocado machista com as meninas. Queria protegê-las, e isso muitas vezes significava controlar suas vidas. Era legal como o Rogério tinha mania de querer participar da nossa criação, e até pano para fazer as roupas dos menores ele comprava – e nos vestia todos iguais, saias e calças feitas do mesmíssimo tecido. As pessoas na rua tiravam sarro, nos chamavam de "Menudos", mas ele jurava estar fazendo o melhor para nós.

O Rogério era só 12 anos mais velho que eu, mas me tratava como se fosse um pai. Acho que, no fundo, ele queria ter um filho preto como eu, porque adorava andar comigo, me exibir para os amigos, me ensinar suas malandragens. E, sempre que podia, inventava para os outros que eu era filho dele. Lembro que o Nilson, que era muito amigo do Rogério, não conseguia entender por que ele fazia tanta questão da minha companhia:

– Vai levar esse moleque melequento de novo? – e o Rogério sempre me defendia.

A recíproca era verdadeira. Eu gostava dele como se fosse um pai. Tudo o que me pedia, eu fazia. Fosse madrugar para ir à feira com ele, fazer graça para suas namoradas, sair correndo para pegar qualquer coisa que me pedisse... Eu estava sempre à sua disposição. O Rogério era um verdadeiro ídolo para mim, uma pessoa que eu admirava sem restrições.

Por isso, doeu tanto quando ele nos deixou. Era uma sexta-feira à noite, meus outros irmãos e eu estávamos em casa, vendo TV ou algo do tipo, quando começaram a gritar o nome da minha mãe, uma voz angustiada vinda da janela da sala:

– Dona Gerusa! Dona Gerusa! É aqui que mora a Dona Gerusa? Eu preciso falar com a senhora, é urgente.

Minha mãe foi ao encontro da mulher que gritava, e todos nós levantamos sem saber o que fazer, de alguma forma já esperando pelo pior. Quando ela voltou, chorando, as mãos tremendo, nos deu a notícia de que nosso irmão, o mais velho dos oito, o mais divertido, tinha ido embora – para não voltar mais.

Rogério foi atropelado por um carro perto do polo de reciclagem, quando voltava do aterro a pé. Estava tudo escuro – naquela época, não tinha quase iluminação nas pistas –, e parece que o motorista realmente não viu que tinha alguém atravessando a rua, não teve nem como desviar.

Ele só tinha 18 anos. Eu tinha seis, e a filha dele, Juliana, um mês.

Até hoje, eu guardo uma foto dele na minha carteira. Rogério era muito bonito, muito popular. Sempre teve um monte de namoradas. Eu me lembro do dia em que a minha cunhada estava com ele lá em casa – acho que foi nesse dia que eles "fizeram" a Juliana. Ele levou a TV para a sala, fez uma panela imensa de pipoca, colocou um filme desses que criança adora, tipo *Simbad, o marujo*, tudo para ficar sozinho no quarto com a namorada. De repente, eu senti a falta dele, fui até a porta do quarto:

– Rogério, tá fazendo o quê?

É claro que ele ficou injuriado, me mandou voltar para a sala e ficar quieto vendo o filme, ou eu apanharia feio. Mas a verdade é que ele nunca, por nenhum motivo que fosse, teve coragem de me bater.

Além do carisma que atraía os amigos, ele jogava futebol muito bem, e estava começando a treinar em um grande clube do Rio como jogador profissional. O negócio dele era jogar bola, era um atleta e tanto, atacante de alto nível. Sempre que podia, me levava aos jogos para vê-lo, lembro que fazia vários gols, ele tinha mesmo talento. Pena que não tenha dado tempo de fazer seus gols ao vivo, em algum campeonato com transmissão pela TV, para todo mundo ver o quanto era bom.

Apesar de ter vivido tão pouco tempo com ele, consigo me lembrar de cada detalhe do seu rosto, da sua personalidade, de tudo o que vivemos juntos. Mesmo assim, tenho a sensação de que, dos irmãos, quem mais sofreu com a sua partida foi o Nilson. Os dois eram parceiros desde moleques, companheiros de uma vida, faziam tudo juntos. Sem dúvida, a morte do Rogério desestabilizou um pouco a vida do Nilson, que custou a superar, passou a ter alguns problemas pessoais, questões que nós nunca entendemos. E exigiu da família ainda mais união para seguir com o que restou dela.

À medida que fui crescendo, já sem o Rogério por perto, comecei a ter uma nova visão do tal afeto especial que ele tinha por mim, da vontade de querer me proteger como um pai. É que o nosso pai, certa época – isso começou quando eu tinha quatro anos –, pôs na cabeça que eu não era filho dele, não filho de verdade. E a partir de então, começou a me evitar, a me destratar e, quando bebia, a me bater.

Perdi a conta de quantas vezes apanhei sem motivos. Uma vez, meu pai chegou em casa bêbado e me deu um soco. Eu tentei fugir, mas ele era mais forte, estava fora de si. Não era fácil conviver com aquilo, e até hoje não sei dizer como consegui. Passei a infância toda tentando entender por que ele não gostava de mim, me perguntando se eu merecia mesmo ser tratado com tanta diferença.

Apesar de o alcoolismo ter prejudicado um pouco o relacionamento dele com meus irmãos – que sofreram com a ideia de que o próprio pai estava longe de ser forte e invencível –, o vício não chegou a afastá-los. O Rogério mesmo, que tinha um gênio difícil como o do pai, estourado e impulsivo, encontrou sua maneira de se entender com o velho. A Glória, então, era quem se dava melhor com ele – os dois tinham afinidades, eram amigos mesmo, conversavam sobre tudo um com o outro. Mas calhou de eu não ter a mesma sorte. Comigo, não havia a menor possibilidade de sentar junto, falar, ouvir, perguntar.

A dificuldade em me aceitar era tanta que ele só foi me registrar quando fiz oito anos de idade, e mesmo assim porque minha mãe implorou. Isso porque éramos idênticos fisicamente – aliás, eu e meu irmão Nilson. Apesar disso, nada podia convencê-lo de que aquela ideia de não paternidade era fruto da sua cabeça, "embriagada" de imaginação.

Por tudo isso, tenho para mim que o Rogério me "adotou" como filho também por causa do meu pai, triste com o jeito como me tratava, com a rejeição que me fazia sofrer sem ter culpa. O carinho que meu irmão fazia questão de demonstrar por mim talvez fosse, ainda que não conscientemente, sua maneira de amenizar a minha dor, de me mostrar que eu tinha o amor de um pai – mesmo que não do pai verdadeiro.

Ao mesmo tempo, tudo isso acabou me aproximando mais da minha mãe, que sofria como eu – ou até mais – com o comportamento do velho. Ela sofria principalmente por não ser capaz de evitar a agressividade dele, por querer me proteger, mas tantas vezes não poder estar por perto.

Meus irmãos, às vezes, reclamavam que ela parecia gostar mais de mim que deles. Mas, justiça seja feita, o que ela fazia era para equilibrar a intolerância do meu pai. Se nós aprontássemos, por exemplo, eu era o que menos apanhava dela. Tinha mesmo aquela coisa de me proteger, de me poupar, justamente por saber que meu pai me batia muito. No dia em que passou o filme *Lula, o Filho do Brasil*, e minha mãe viu a cena do pai batendo nele, teve crise de choro por minha causa. Lembro que tentava esconder as lágrimas, mas não conseguia, talvez porque visse ali, na tela da TV, a mesma impotência que vinha sentindo na pele.

Eu e minha mãe nos unimos muito nessa fase. Era nela que eu ia buscar o afeto que meu pai não me dava, e acabamos fortalecendo ainda mais o vínculo que já tínhamos. Ficamos tão ligados que, quando ela voltava do aterro de manhã, a noite virada, exausta, e se deitava no sofá da sala, eu me encolhia todo a seu lado, e ficava ali, abraçado nela, até pegar no sono. Eu me enfiava onde tivesse espaço, todo espremido, só para ficar mais tempo com ela. Nessa época, minha mãe trabalhava muito, dia e noite, quase não ficava em casa. Quando estava, o que eu mais queria era estar por perto. Nós ficávamos conversando, ela contava da rampa, eu contava da escola, e íamos costurando ali, um ao lado do outro, dia após dia, nosso laço de mãe e filho.

Apesar da jornada intensiva de trabalho e do pouco tempo que podia estar conosco durante a semana, Dona Gerusa fazia de tudo para participar das nossas vidas, e nunca deixou que nada de essencial nos faltasse: íamos para o colégio, levávamos merenda, tínhamos roupa bonita para vestir no Natal. Às vezes, ela ficava um mês sem pagar as contas, aí no outro pagava, calculava quanto tinha que trabalhar a mais e fazia quase mágica para que nada nos faltasse.

Tem uma história... Acho até que eu acabei apagando da memória, mas minha mãe conta como se a tivesse vivido ontem. Ela voltava do trabalho no fim da tarde, quando me viu sentado no meio-fio da rua de casa, de cabeça baixa, ficou toda preocupada, achou que tinham me batido. Mas não. Eu estava chateado porque todos os meus amigos tinham dinheiro para comprar refrigerante na hora do recreio, menos eu, disse que meu sonho era um dia tomar Sprite, mas eu sabia que ela não podia me dar – e o dinheiro que eu levava só dava ou para o salgado, ou para o refresco. Mas o problema maior não era não poder comer o que os outros podiam, e sim virar motivo de piada por causa disso. Minha mãe escutou calada. Soltou a bolsa que ela segurava nos ombros, me abraçou e fez a promessa:

– Hoje, não, meu filho, mas a partir de amanhã você vai poder tomar Sprite e comer hambúrguer.

– Vou, mãe?

– Mas nem que eu trabalhe dia e noite, eles não são melhores que você.

E assim se fez.

Minha mãe sempre foi essa "liga" lá em casa – reunindo os irmãos, os amigos, os parentes que estavam longe. Quem nos conhece há mais tempo acha curioso que, embora grande, cheia de irmãos, tios, sobrinhos, a nossa família até hoje se mantenha unida. E o mérito é todo da nossa mãe, que sempre abriu as portas e o coração para todo mundo que precisou. Uma época, por exemplo, ela resolveu praticamente "adotar" algumas crianças do aterro – ou porque não tinham pais, ou porque viviam largadas em qualquer canto.

Ela era a verdadeira "Mãe Lucinda", personagem daquela novela, *Avenida Brasil*[1], que criou várias crianças dentro do lixão, com a diferença de que nós não morávamos no aterro, então minha mãe as levava para dentro de casa mesmo. Ela acolhia, dava comida, banho e espalhava uns colchonetes pela sala, caso precisassem dormir por lá. Nessa época, nós ainda dividíamos a casa – a parte de dentro mesmo, dos cômodos – com outra família, quase tão grande como a nossa. Nós morávamos atrás, e essa família, do Alessandro, ocupava os quartos da frente. Mas isso era só um detalhe. Para Dona Gerusa – ou seria "Mãe Gerusa"? –, a lógica que prevalecia era a do "coração de mãe": e sempre, mas sempre mesmo, tinha espaço para mais um.

1 Novela de João Emanuel Carneiro transmitida em 2012 no horário nobre da TV Globo. Sucesso de audiência e crítica, é até hoje lembrada por seus personagens populares.

6. Lições de casa

A escola costuma ser um divisor de águas na nossa vida. Mais do que contas e palavras, é lá que aprendemos a compartilhar nossos afetos, identificar nossos medos e dividi-los, fazer amigos, criar laços, encarar nossos primeiros fantasmas. Na escola, aprende-se muito mais do que lições de português e matemática. Aprendem-se lições de vida e, ainda que numa escala menor, tem o primeiro contato com a vida real, com seus preconceitos, sofrimentos, mas também com os sentimentos bonitos do mundo. Comigo não foi diferente.

Meu primeiro colégio se chamava Herbert Mozart e ficava no bairro de Jardim Gramacho. Lá, estudamos Glória, Cláudia, Cristiane, Simone e eu. Só que minhas irmãs tiveram que parar de estudar cedo, ou porque engravidaram, ou porque passaram a ajudar minha mãe no aterro. Eu fui o que estudei por mais tempo.

Lembro que o Herbert era uma escola muito rígida, tanto no estudo, quanto na educação. Minha passagem por lá marcou profundamente a minha vida. Em todos os sentidos, é bem verdade.

As melhores lembranças que tenho daquela época são, sem dúvida, das minhas professoras. Principalmente porque o contato com algumas delas me trouxe grandes ensinamentos, como saber ver além das aparências, ser gentil e ter mais fé nas pessoas.

Quando somos criança, vamos à escola por obrigação, e raramente entendemos o significado da amizade que surge, do cuidado e até mesmo do amor. Então o tempo vai passando, e começamos a sentir falta, a finalmente entender o valor daquele laço que se cria e, tantas e tantas vezes, permanece.

Professor bom mesmo, para mim, é aquele que sabe romper a barreira que se impõe naturalmente entre o sujeito que ensina e o que aprende, e cria para além dela um vínculo sincero. São aqueles que não ensinam só a matéria da prova, mas acompanham os nossos passos diários, o nosso crescimento, os nossos sentimentos, as nossas dores. Dividem o tempo, a atenção e, talvez o mais importante, o afeto por nós.

Eu tive a grande sorte de ter na minha vida várias professoras assim. Dona Estela, que me deu aula de Geografia na quinta série, foi uma delas. Uma das professoras mais sensíveis que eu tive, e a primeira – senão a única – a perceber que eu não ia ao colégio porque não tinha uniforme. Ela tinha 40 e poucos anos, os olhos verdes, estava sempre fumando e, talvez por isso, tinha a voz bem rouca. Era muito rigorosa. Mas ninguém conseguia ser rigoroso comigo – eu tinha mania de abraçar minhas professoras, dizer que as amava, e devagarzinho ia conquistando cada uma delas, até as mais duronas.

– Sebastião, você é muito abusado – ela vinha me dizer quando eu aprontava.

Eu sempre aprontei muito, mas nunca deixei de respeitá-las. Na verdade, eu gostava era de brincar durantes as aulas, de fazer bagunça na hora do recreio, mas sempre fui muito amoroso, principalmente com aquelas que eu admirava.

Lembro como se fosse hoje do dia em que a Dona Estela, já no final da aula, apareceu com um pacotinho embrulhado na mão.

– Um presente para você, Tião.

Eu já sabia o que era. Peguei o embrulho e comecei a abri-lo com todo o cuidado. Ela sabia que eu queria estudar, e por isso juntou do próprio dinheiro para comprar a blusa do colégio para mim. Eu a abracei bem forte, e no dia seguinte já estava de camisa nova, parecia até que tinha ganhado o mais incrível dos brinquedos. Fiquei feliz de verdade, e nunca me esqueci daquele gesto.

Outra professora querida foi a Dona Dagmar. Ela dava aula de História, eu sempre gostei muito de História, só tirava dez. Dona Dagmar era "a sensata", todos os alunos gostavam dela. Ela não se estressava por qualquer coisa, transmitia respeito, e era firme e ao mesmo tempo afetuosa. Era dessas professoras que realmente gostam do que fazem, se dedicam por nós, ensinam com o coração. Devia ser por isso que ninguém abusava dela: a Dona Dagmar nos tratava com amor.

Tinha também a diretora do Herbert, Dona Ieda. Era uma mulher muito bonita, tinha os olhos verdes, os cabelos loiros, parecia a Vera Fischer. Foi quando comecei a gostar de mulher loira – confesso que eu tinha uma paixonite por ela.

Lembro de uma vez que aprontei e a Dona Ieda me chamou a atenção, chamou até meu pai ao colégio. Na conversa com ele, reclamou das bagunças que eu fazia na sala, disse que eu era muito arteiro, mas depois compensou dizendo que apesar disso era um bom menino, mostrou minhas (boas) notas, me elogiou e tudo.

Nem todas as professoras eram assim, tão doces, mas nem por isso deixaram de dar um sabor especial aos meus dias naquela escola, como a Dona Carolina, que dava aula de Português e Matemática – lembro que ninguém gostava dela. No início, ela implicava comigo, achava que eu fazia bagunça demais, que não me comportava direito.

Uma vez, eu saí correndo para ir ao banheiro e, todo estabanado, dei um encontrão daqueles na pobre da Dona Carolina. Ela estava levando a bandeja de café até a sala dos professores, e eu derrubei tudo no chão, era garrafa para um lado, bandeja para o outro, os copinhos espatifados na minha frente. Na hora, fiquei sem ação, pedi desculpas, mas ela ficou uma fera, até chamou meus pais para conversar:

– Não sei como ele consegue tirar boas notas, porque é uma peste!

Mas, com o tempo e a convivência, acho que foi percebendo que eu não era tão mau, que no fundo era só arteiro, porque logo começou a gostar de mim.

Outra que sofria comigo era a Dona Gina, irmã da Dona Estela. Ela era merendeira, tinha os olhos verdes como a irmã. Mas era um pouco mais velha e, digamos assim, um pouco mais cheinha. Dona Gina levava a sério tudo o que nós dizíamos, por isso era tão divertido implicar com ela.

A porta do banheiro dos meninos não funcionava direito, a fechadura vivia quebrada – e a maçaneta, que tinha sido arrancada por alguém, ficava na bolsa dela. Para provocá-la, nós batíamos de propósito a porta do banheiro e saíamos pelo colégio gritando:

– Gina Gorda, não nos pega!

Ela ficava enfurecida, e toda hora tinha que parar o que estava fazendo só para abrir a porta do banheiro com a tal maçaneta reserva. Sinceramente, não sei por que fazíamos isso. Hoje em dia, chego a pensar que esse foi o jeito torto que encontramos – um monte de moleque bobo – de demonstrar nosso carinho por ela.

Faz alguns anos, tentei encontrar a Dona Estela, que era minha vizinha naquela época, mas não consegui. Acho que se mudou, nunca mais tive notícias dela. Outro dia também vi duas professoras minhas na rua – a professora Noêmia, da primeira série, e a Maria do Carmo, da segunda. Tentei fazer sinal, chamá-las pelo nome, mas eu estava dentro do ônibus, cheio de gente em pé, e não pude sair para falar com elas.

Recentemente, eu visitei o Herbert Mozart esperando reencontrar pelo menos alguma das minhas professoras, das merendeiras, qualquer pessoa do meu tempo. Levei um DVD do *Lixo Extraordinário* de presente, me prontifiquei a dar uma palestra de graça, mas o diretor mal me olhou. Não tinha mais ninguém da minha época, estava tudo mudado. Senti um vazio tão grande, cheguei a chorar quando vi a minha foto pequeno no mural das turmas. Eu era magrinho, miúdo, tinha o cabelo *black power* – parecia o Michael Jackson no tempo do Jackson Five.

Insisti para me darem aquela foto, nem que fosse uma cópia, mas eles disseram que não podiam.

Sei que pode parecer bobo, mas rever essas professoras, que compartilharam tantos ensinamentos – e deixaram comigo um pedaço delas –, é um sonho que ainda espero realizar. Desejo, de coração, que este livro torne isso possível.

Sei que os professores no Brasil não são valorizados, ganham pouco, enfrentam salas superlotadas, sem giz, sem condições, sem respeito. E que mesmo assim continuam lutando para simplesmente exercer o trabalho difícil – mas ao mesmo tempo maravilhoso – de deixar pequenas – e grandes – marcas na nossa vida.

Eu gostaria de encontrar as minhas professoras para dar essa honra a elas, ou, como se diz, "dar essa moral" – apesar de que o mais certo seria "receber essa moral". Mostrar o que me tornei, para onde estou caminhando. Acho que essa seria a única maneira possível de retribuir tudo o que fizeram por mim. Tudo o que me ensinaram para que eu chegasse até aqui.

7. A entrevista que mudou o curso

Eu tinha 13 anos, ainda estudava no Herbert Mozart, quando comecei a trabalhar no aterro. Agora não bastava subir e ficar brincando, correndo atrás de urubu, me imaginando piloto. Não era mais uma questão de diversão ou escolha, mas de necessidade. Tinha chegado a hora de experimentar a rotina dos meus irmãos, subir nos montes para catar, trabalhar feito gente grande.

Até então, aquele era praticamente o único mundo que eu conhecia, por isso não foi difícil me acostumar. Era como aprender as regras de um jogo: no início, parece confuso, mas, no decorrer da partida, vamos repetindo os mesmos movimentos, até que uma hora eles acontecem naturalmente, sem termos que pensar. No aterro era assim. Certas coisas, depois de um tempo, iam ficando mecânicas – subir, trocar de roupa, esperar os caminhões, juntar os materiais, descer, pesar, conviver no mesmo espaço com urubu, porco, lixo. Depois de um tempo, com as regras do jogo já aprendidas, nem mesmo estranhava mais aquela convivência.

Gramacho não media aparência, profissão, nem grau de escolaridade. Era quase uma sociedade paralela, que não exigia praticamente nada de seus "sobreviventes". Muitos catadores, até o fechamento do aterro, nunca tiveram registro de nascimento. Acontece que essa realidade, tão natural para nós, que fazíamos parte dela, que convivíamos com os porcos, que abríamos com as próprias mãos os sacos de lixo, estava bem longe de ser natural para todos. E essa verdade, tão simples e até óbvia, eu descobri da pior forma.

Certo dia, no ano de 1992, um grupo de repórteres apareceu no aterro interessado em entrevistar os catadores, saber mais sobre aquele trabalho que, do lado de lá, quase ninguém conhecia direito. Só que falar com os catadores não seria tarefa fácil – uns continuaram trabalhando, como se não fosse com eles, outros se encolheram num canto, com medo, nenhum deles queria se expor. Até que um deles foi falar com a repórter:

– Fala com a Gerusa. Ela não liga de falar, não.

É verdade, minha mãe não ligava. Aliás, ela sempre gostou de conversar, dar opinião, ainda mais se fosse para defender os direitos de quem gostava – sua família, seus amigos e companheiros de trabalho. Sem falar que aquela poderia ser uma boa oportunidade de desmistificar o aterro, mostrar que ali havia gente de bem, que a rampa não era um submundo, como muitos pensavam, mas uma opção de trabalho com pontos positivos e negativos.

Acontece que, já no início da conversa, a repórter começou a insinuar coisas como "as mulheres daqui cheiram a lixo", "quem trabalha no aterro é bandido", e minha mãe não gostou nem um pouco daquele tom:

– Olha aqui, minha filha, eu trabalho no lixo, sim. Mas os meus filhos vão ao colégio, tomam leite de manhã, se alimentam igual aos seus filhos.

E nem percebeu que, enquanto falava, tinham ligado uma câmera – e que a partir dali seu depoimento começava a ser gravado.

– O nosso trabalho pode ser feio, mas nós ganhamos bem. Você tem razão, muitas moças se descuidam, se drogam, bebem, mas eu tomo banho, uso desodorante, faço compras.

– Mas você não acha que tem outras opções?

– Pode até ser, mas entre empregada de madame e catadora aqui na rampa, eu prefiro estar aqui.

Quando chegou em casa, minha mãe preferiu não comentar nada conosco. Achou que não era o caso de nos preocupar. Depois de dizer todas aquelas verdades que estavam engasgadas, deu o caso por encerrado. O que ela não sabia é que aquela história estava bem longe de terminar.

Uns dias depois, quando cheguei à escola, notei que alguma coisa estranha estava acontecendo. Mal atravessei o portão, começaram uns cochichos esquisitos, uns apontavam na minha direção, outros me olhavam torto, outros riam e viravam o rosto, com desprezo. No início, achei que era só uma brincadeira, mas logo vi que não:

– Olha lá, é o filho da lixeira!

– Rampeiro, xepeiro!

– Cuidado, não chega muito perto pro cheiro não pegar!

Então entendi. Por algum motivo, eles tinham ficado sabendo que minha mãe trabalhava na rampa. Mas como?

Simples. Minha mãe tinha resolvido aparecer na TV, em plena rede nacional, para falar sem a menor reserva sobre o trabalho como catadora de lixo. A tal conversa tinha sido gravada e ido ao ar nada mais, nada menos que no Globo Repórter, numa reportagem inédita sobre o aterro de Gramacho. Minha mãe aparecia em destaque dizendo que se orgulhava de trabalhar no aterro e, ainda que sem querer, expondo toda a família aos preconceitos e às fofocas de toda a gente.

Depois desse episódio, eu não tive mais descanso. Passei a ser excluído no colégio, a ser zombado no recreio, a não ser mais convidado para as festas da turma. Mas eu não fui a única vítima. O Peixinho, que estudava comigo, também sofreu um bocado. Os pais dele tinham passado por uma crise parecida com a nossa, de desemprego e alcoolismo, e a família acabou, do mesmo jeito, indo parar na rampa. As histórias, aliás, eram sempre muito parecidas – só mudava o endereço.

Lembro que sofri um bocado com tudo aquilo. Afinal, ninguém está preparado para tanta discriminação. Fiquei triste, revoltado e principalmente tentando entender por que cargas d'água minha mãe tinha que dar aquela maldita entrevista, devassando aquela história sem a menor necessidade. Nós trabalhávamos no aterro, tudo bem, mas daí a espalhar a notícia aos quatro ventos...

Minha mãe se desculpou mil vezes, disse que nunca poderia imaginar que uma aparição daquelas causaria tanto estrago – e contou, afinal, que não sabia que estava sendo filmada, que sua intenção ali era apenas responder às perguntas sobre o aterro e esclarecer que o nosso trabalho não era nem sujo, nem indigno, como vinham teimando em pintar. Nada mais.

Claro que ela não fez nada de propósito, e nunca duvidei disso. Mas não posso ignorar que o impacto daquilo tudo sobre mim foi brutal, e de certa forma acabou mudando os rumos da minha vida.

Eu estava no início da adolescência – é quando estamos crescendo, querendo namorar, buscando aceitação. E toda essa confusão foi pouco a pouco me afastando do colégio, aquele espaço que me diminuía sem que eu pudesse entender por quê. Tanto que, naquele ano, fui reprovado por falta. Tinha 13 anos, na sexta série, quando abandonei de vez a escola.

Tudo aconteceu ao mesmo tempo: comecei a trabalhar no aterro, larguei o colégio, deixei para trás as professoras, alguns amigos, os livros, a vontade de aprender. E um mundo inteiro que de alguma forma me pertencia e me fazia ser quem eu era.

Depois disso, aos 15, até tentei voltar a estudar outra vez, já em outro colégio, chamado Aquino de Araújo, que ficava também em outro bairro, Vila São Luís, mas não fui muito longe. Meu trauma me perseguia aonde quer que eu fosse. Era outra época, outro contexto e outras pessoas, que definitivamente não sabiam nada do meu passado, mas isso não queria dizer nada, porque eu ainda tinha os meus fantasmas, que por muitos anos me acompanharam, me impedindo de seguir em frente.

Hoje, entendo a confusão que tudo isso causou na minha cabeça: a essa altura, o problema maior já não eram os outros, com seus julgamentos tortos sobre tudo e todos, mas o preconceito que passei a ter comigo mesmo. Porque, mesmo já no outro colégio, no outro grupo de amigos, um ambiente completamente diferente, eu continuava me sentindo inferior e cada vez mais distante.

Aliás, esse foi um sentimento que carreguei comigo até recentemente. Na minha cabeça, era como se até então tivessem existido dois mundos: um mundo pequenininho chamado Jardim Gramacho, onde as pessoas não precisavam de registro de nascimento para existir, para trabalhar, nem para ser quem eram; e o resto do mundo, onde a maior parte das pessoas não nos conhece, muito menos nos reconhece, seja pelo que fazemos, seja pelo que somos. Lembro a primeira vez que fui à praia no Arpoador. Andando na areia, entre gente igual, mas ao mesmo tempo tão diferente de mim, tive a sensação de estar invadindo um espaço que não me pertencia. Era como se em algum lugar, bem lá no alto, à vista de todos, estivesse escrito: a praia é deles, aqui não é o meu lugar.

Até esse episódio da entrevista e dos preconceitos que conheci com ele, eu não tinha a menor vergonha do meu trabalho no aterro – na verdade, até gostava de catar lixo com meus irmãos. Tudo mudou quando descobri que, para tantos, aquele era tido como um emprego indigno, sujo. Aí perdi o gosto.

Minha mãe me levava para trabalhar, mas eu fugia. Meus irmãos todos já tinham aceitado a nova condição, e eu era o único que ainda resistia. Eles me chamavam de preguiçoso, reclamavam que eu fazia corpo mole. Não entendiam o que eu sentia, porque viveram experiências diferentes da minha. Nem todos tinham sido humilhados no colégio, discriminados pelos amigos como eu. A mesma exposição que sofri, e que nitidamente me derrubou, em quase nada afetou a vida deles. E, enquanto eles continuavam subindo a rampa exatamente como antes, para mim já não fazia o menor sentido trabalhar ali.

Parando para pensar, por um lado eu me arrependo, sim, de ter largado os estudos, de ter me deixado influenciar por uma situação tão pequena. Eu queria muito ter terminado o colégio no Herbert, e também ter mantido contato com as minhas professoras. Por outro lado, se eu tivesse ficado, poderia ter tido uma vida burocrata, e hoje seria uma pessoa completamente diferente de quem sou, com outros planos, outros projetos, quem sabe até outros valores. Por isso, não posso dizer que me arrependo, porque acho que as coisas acontecem na vida como têm que acontecer.

Não gosto de olhar para as coisas imaginando como teria sido. O que importa é o que foi. Talvez eu tivesse me tornado até uma pessoa mais submissa, porque a injustiça é o que nos move. Acho que esse sentimento de humilhação e tristeza de alguma forma me moveu a buscar ser alguém, ser melhor.

Vendo assim, tenho mais é que agradecer a esses colegas que me perturbaram, porque mudaram meu rumo, me obrigando a correr atrás de novas oportunidades.

Parte II

8. As primeiras pedras

Com o tempo, descobri que para atravessar a rua da vida e chegar inteiro até o outro lado, nós temos que aprender a passar por cima das pedras e dos montes que surgem pelo caminho. Por mais que ameacem nos derrubar – e, em alguns casos, derrubem mesmo –, no fundo são apenas fases, que tendem a passar à medida que vão também nos definindo, moldando o nosso destino, dando contorno aos novos passos.

Perto dos 17 anos, mesmo sem entender como, eu estava prestes a inaugurar uma dessas fases. Recém-saído da escola, ainda sofrendo com as crises do meu pai, tendo que me readaptar às novas circunstâncias de trabalho no aterro, só podia mesmo estar diante dessas tais pedras, que nós temos que pular para não tropeçar e cair de vez.

Agora o que pesava sobre as minhas costas, ao subir a rampa, não era mais uma mochila cheia de água e comida, mas todos os pesos da minha adolescência, desmoronando de uma vez só, me exigindo uma coragem que eu não tinha para continuar seguindo. Só havia uma saída:

encontrar minha própria maneira de lidar, e o mais rápido possível, com aquela pressão toda que me engolia aos poucos.

Toda sexta-feira, depois do aterro, eu me encontrava com a galera lá do bairro e arredores – o pessoal da Rua Camurim, da Favela da Vila Operária e do Buraco Quente – para decidir qual seria o nosso destino daquele fim de semana. Podia ser o Country Clube da Praça Seca, o Grêmio de Realengo, o Vasquinho de Morro Agudo, o Inocentes de Belfort Roxo. Eram nesses clubes que rolavam os famosos "bailes de corredor" ou "bailes de galera": um tipo de baile funk como o que a maioria do pessoal conhece, só que um pouco mais "apimentado", digamos assim, com direito a vários níveis de emoção e disputa.

Desde os anos 1980, o funk já tinha tomado os grandes bailes do subúrbio e começava a ocupar também as ruas – as equipes de som disputando a céu aberto, o som a todo volume, qual delas tinha a aparelhagem mais potente. Mas a semente do funk que se conhece hoje, no Rio e no Brasil, foi plantada uns 10 anos antes, lá pelos anos 1970, por um grupo de músicos afro-americanos cuja "batida" misturava o soul, o jazz e o *rhythm and blues*. Com o tempo, tomamos a liberdade de fazer alguns ajustes no estilo, e incorporamos as batidas mais rápidas do *Miami bass*[2], dando ao nosso funk a forma que tem hoje.

Quanto ao conteúdo, foi nos anos 1990, quando subiu para a favela, que o funk passou a cantar a realidade de suas próprias comunidades – do dia a dia de violência ao desejo de viver em paz. Daí nasceram alguns dos hits mais famosos da minha época, como o "Rap da felicidade", do MC Cidinho e do MC Doca:

> **"Eu só quero é ser feliz**
> **Andar tranquilamente na favela onde eu nasci, é**
> **E poder me orgulhar**
> **E ter a consciência que o pobre tem seu lugar [...]"**

2 Também conhecido como "som de Miami", é um tipo de hip-hop de batida acelerada. Derivado do electro, é considerado a base do chamado funk carioca.

Ou o "Rap das armas", do MC Leonardo:

"O meu Brasil é um país tropical
A terra do funk, a terra do carnaval
O meu Rio de Janeiro é um cartão postal
Mas eu vou falar de um problema nacional
Parapapapapapapapa
Parapapapapapapapa
Paparapaparapapara clak bumm
Parapapapapapapapa [...]".

E mesmo os funks mais melódicos, como esse de Claudinho & Buchecha:

"Olha, eu te amo
E quero tanto
Beijar teu corpo nu
Não, não é mentira
Nem hipocrisia, é amor
Com você, tudo fica blue [...]".

A música que tocava nos bailes de galera era igual à dos outros. O que tornava os nossos bailes diferentes – e também muito mais populares – era o "clima" um pouco mais pesado, de competição mesmo. Para começar, a pista de dança era "dividida" em duas partes por uma corda, mais ou menos na altura da cintura. À esquerda, ficava o lado A, e à direita, o lado B, numa espécie de referência aos dois lados de um disco. Isso porque quem organizava a festa era a ZZ Disco, uma das produtoras mais populares dentro das comunidades, e que tinha várias equipes de som, sendo que algumas tocavam nas rádios e tudo.

A ideia da ZZ Disco com esses bailes era divulgar seus artistas por meio de uma competição enorme, que durava às vezes quatro, cinco meses, e premiava o time vencedor com troféu, dinheiro e caixa de cerveja. Cada baile – eles geralmente aconteciam todo sábado, domingo e segunda-feira – dava foco a uma etapa da grande disputa: tinha partida de sueca, rainha do baile, melhor faixa, melhor dupla de gêmeos idênticos e, claro, o confronto mais aguardado, e que também valia mais pontos para a competição, a etapa do rap, com duelos fantásticos para agitar a galera, como o "Rap da Fazenda de Inhaúma":

> **"[...] Nos concursos de galeras que abalam o Rio inteiro**
> **Que sacodem a Baixada, que sacodem os funkeiros**
> **Mas quem está com medo trate de correr**
> **Fazenda de Inhaúma... É o bonde!".**

Os próprios Claudinho & Buchecha tocaram suas primeiras músicas num desses bailes, e depois ganharam o mundo cantando um rap mais melódico. Os bailes de galera acabavam sendo a oportunidade que os *rappers* da comunidade tinham de mostrar seu trabalho, e dali de dentro lançar uma carreira.

Mas não era só de flores que viviam os nossos bailes – pelo contrário. Além de todas essas etapas, que faziam parte da competição, valiam pontos e estavam condicionadas às suas regras, havia um outro duelo, mais livre, digamos assim, que nos motivava – e muito – a estar toda semana nos bailes. Era o esperadíssimo confronto mano a mano – brigas mesmo, com direito a chute, soco e o que mais pudesse rolar. Ainda que acontecesse durante as festas, essa "etapa" não somava nada à competição geral.

Na prática, lado A e lado B eram mais que um limite riscado na pista de dança. A e B eram times rivais, não só dentro da festa, mas também fora dela. O que estava em jogo ali era não só quem seria o melhor da noite, mas quem venceria outra batalha, velada ou não, entre inimigos de longa data, às vezes gangues rivais, com todo tipo de rixa sendo alimentada pela ZZ. Até os ônibus fretados por ela para encher os clubes eram organizados para por ainda mais lenha na fogueira: lado A e lado B tinham cada um seu próprio carro. E ai de quem tentasse se misturar!

A nossa galera era do lado A, com o pessoal de Cidade Alta e contra a galera de Parada de Lucas, Nova Holanda e Parque União, que completavam o lado B. Significava que, embora na hora de lutar fosse cada um por si e Deus por todos, ali nós jogávamos em equipe. Não estávamos assim, tão sozinhos.

– Atenção, guerreiros do corredor! Preparem-se: a porrada vai comer!

O anúncio vinha lá de cima, de um alto-falante. Era o anúncio do confronto, mais ou menos na metade do baile. A música dava uma trégua, as luzes paravam de piscar, ao mesmo tempo em que a tal corda que dividia os dois lados ia abaixando. Estava dada a largada: lado A e lado B não tinham mais nada que obstruísse seus caminhos um contra o outro.

Nós começávamos gingando, como na capoeira, se estudando. E a briga começava. Parecia um MMA[3], só que valendo dar pancada sem regra de peso ou tamanho, todo mundo ao mesmo tempo.

Embora houvesse a rixa, a rivalidade entre os grupos, a principal razão da minha presença ali – e da maioria dos meus amigos – não era tanto a disputa. Aquela era uma chance rara que tínhamos de extravasar toda a raiva contida, já que ali dentro a opressão não vinha só de cima, mas de todos os lados, e também de nós mesmos. De um modo bem estranho, os bailes de corredor nos permitiam experimentar certa liberdade e também algum "poder" – no caso, sobre os mais fracos.

Quando apanhava do meu pai, meio que sem saber como revidar a violência, era naqueles bailes amalucados que eu ia afogar as minhas mágoas, renovar minhas energias. Porque lá eu me sentia livre para bater também.

Talvez pelas circunstâncias da vida, pelo modo como tivemos que encará-la, não sei bem, praticamente todo jovem de comunidade tinha alguma "necessidade" dos bailes, até os menos briguentos. No fim das contas, eles funcionavam como uma válvula de escape para nós. Acalmavam nossas angústias, distraíam nossa raiva, amorteciam nossas dores. Eram a oportunidade que tínhamos de expulsar de dentro toda a angústia, todo o tipo de repressão que espremíamos bem espremida para caber sem sufocar.

Nossa festa já começava no caminho, dentro do ônibus. Era uma farra só. Às vezes, ia tanta gente que não chegava a caber num único carro,

3 Abreviação de artes marciais mistas (*mixed martial arts*, em inglês), estilo de luta que se utiliza de uma grande variedade de técnicas, de golpes de combate em pé a técnicas de luta no chão. Desde 2001, quando as regras do torneio foram reformuladas, o esporte está cada vez mais profissional e popular.

então tínhamos que pedir mais um, às vezes dois. Lá atrás, nós íamos cantando, pulando, tocando o terror.

Chegando ao baile, passávamos pela revista. Pelo menos nisso eles eram um bocado rígidos: não podia entrar com nada, faca, garrafa, corrente, muito menos arma – só com a própria força e a habilidade de brigar.

Como nessa época eu gostava de andar todo arrumadinho, ia normalmente com minha roupa normal, que usava para sair, e vestia uma bermuda por baixo da calça, tudo para facilitar na hora da briga. Um pouco antes de o confronto começar, eu corria até o banheiro, tirava a calça e a camisa e ficava só de bermuda e tênis – e também não dispensava meus apetrechos de proteção – uma das poucas coisas que eles liberavam –, como luva do tipo MMA, protetor de dente, essas coisas. Geralmente, pedia para alguém cuidar das minhas coisas, quase sempre uma namorada, já que mulher – pelo menos nesses primeiros bailes que eu frequentava – não podia participar das brigas.

Devidamente vestido, eu ficava a postos, aguardando o sinal. Quando a corda caía, eu já partia para cima, e aí tudo ficava bem confuso, era um batendo, outro caindo, um terceiro levantando, um quarto vindo ajudar, um quinto partindo para cima, e todo mundo lutando contra o mundo, e de alguma maneira também contra si mesmo.

A festa até tinha uns seguranças à disposição, mas, para quem promovia aquele tipo de baile, garantir a segurança de verdade estava longe de ser uma preocupação real. A presença daqueles caras truculentos nos vigiando, com uns chicotes na mão para botar medo, era pura fachada, de modo que não era raro morrer gente nas brigas. Uma vez mesmo eu vi um cara do nosso grupo ser "guindado" para o lado B – arrastado pelos pés, como que "roubado" pelo outro lado. Às vezes isso acontecia, mas não dava em nada, porque quase sempre os companheiros conseguiam "resgatar" o cara. Desta vez, foi diferente. Ele foi pego, tentaram puxá-lo, mas não deu tempo. Quando vimos, já tinham uns duzentos em volta batendo nele, e ele ali, jogado no chão, sozinho, tomando chute e soco de todos os lados, uma cena difícil de encarar.

Apesar disso, eu seguia achando que comigo estava tudo sob controle, que nada de ruim poderia me acontecer. Até o dia em que, por causa de uma briga boba, o cara que quase morreu fui eu.

A confusão não aconteceu dentro dos bailes, mas começou por causa deles. Eu e mais cinco amigos nos juntamos para tirar satisfação com um pessoal do nosso bairro, que brigava conosco do lado A e que, de uma hora para outra, sem mais nem menos, decidiu se bandear para o B. Era um grupinho de *playboys* de Guaíra, eles se achavam "os tais", não queriam nem papo conosco.

Achávamos que tínhamos que dar uma lição naqueles caras, mostrar que tinham que nos respeitar também. Péssima ideia. Quando chegamos à área deles, armados apenas com a nossa vontade de brigar, sem a menor estrutura, sem a menor malícia, eles estavam muito, mas muito mais preparados do que nós. Na entrada da rua, tinham pelo menos uns 12 nos esperando, todos devidamente armados, com cassetete, faca, corda, corrente. Nós éramos uns amadores.

Quando nos vimos cercados, ainda tentamos nos separar:

– Corre, corre, corre! – um gritava para o outro, na esperança de escapar sem muitas sequelas.

Mas eles foram melhores, e nós acabamos apanhando muito – eu especialmente. Lembro que me bateram a pauladas, eu ainda lutando para me defender, quando então levei uma facada nas costas. De tanta pancada, perdi a consciência.

Minha sorte foi que uma senhora da vizinhança, que me conhecia e conhecia minha mãe, me reconheceu na confusão:

– Socorro, alguém ajuda, tem um menino sangrando na rua!

Claro que ela nem sonhava que eu estava entre os responsáveis por cavar a briga, e só por isso é que foi lá me salvar. Ainda bem! Não fosse ela, acho que não teria aguentado. Era muito sangue, a cabeça doía, eu mal conseguia me mexer.

Quando finalmente acordei, os caras já tinham dispersado, com medo da confusão, e eu estava com meus amigos de novo. A senhora me levou até a casa de um deles, que ficava ali perto. Eles estavam mal, mas não tanto quanto eu. Fui o que mais apanhou, e a facada me deixou destruído. Quando me viram, eles ficaram preocupados, insistiam em querer chamar a minha mãe.

– Não precisa chamar minha mãe, não, melhor me levar direto pro hospital – eu pedi, quase implorei, a voz se esforçando para sair.

Sabia que aquela era uma péssima ideia, que a reação dela seria a pior possível: "quem mandou se meter em briga?", "foi pra isso que eu te criei?", ela diria. Mas meu pedido não comoveu ninguém, e então foram chamá-la. Lembro que, quando chegou, ela me olhou assim, meio de lado, um misto de pena e decepção, mas principalmente desgosto:

– Você não sabe arrumar briga? – ela disse, no fundo querendo dizer outra coisa. – Então também sabe ir ao hospital sozinho.

Embora tenha ficado preocupada comigo, ela sabia que não havia jeito de me poupar. Ninguém era mais responsável do que eu mesmo por aquela confusão, só mais uma entre as muitas em que vinha me metendo. Eu não tinha sido vítima de uma briga, tinha literalmente pedido para participar de uma. E já sabendo, de antemão, de todas as regras – ou da falta delas. Por tudo isso, e provavelmente querendo me ensinar algumas lições, Dona Gerusa se fez de forte, mais uma vez.

Acabou que minha irmã Cláudia, a que cuidava de mim quando eu era criança, foi comigo até o hospital. Por causa da facada, levei 20 pontos nas costas – tenho cicatriz até hoje. Não foi a única marca. Levei também muito soco no olho, arranhão no rosto, chute na barriga.

Era estranho, mas naquela época eu tinha certo tesão por brigar. Nós não tínhamos grana para surfar, pular de paraquedas, fazer outros esportes radicais, então o jeito era subir a adrenalina da maneira que dava.

Tempos depois, por causa do tráfico, os bailes foram ficando cada vez mais violentos. Lado A e lado B foram perdendo sua identidade, deixaram de ser fruto das disputas de bairro entre os jovens das comunidades para se tornarem reféns das facções.

No fim das contas, os meus machucados foram se curando com o tempo. Mas as cicatrizes maiores, que de certo modo me levaram a buscar na violência a solução – ou a ilusão desta – dos meus problemas, só começaram a fechar uns anos depois.

Eu estava aprendendo que o caminho das pedras não era feito só de pedras, que eu tinha muita vida pela frente, e muita coisa a construir ao longo dela. Se arrependimento matasse, sem dúvida já estaria morto. Morto como os caras que não tiveram, como eu, a mesma sorte de aprender, ou uma segunda chance, como a que eu tive, de reescrever totalmente a história da minha vida.

9. As mil faces do aterro

MESMO DEPOIS DO EPISÓDIO DA entrevista da minha mãe e de todos os desdobramentos que ele causou na minha vida, continuei trabalhando lá. A verdade é que eu não tinha outra opção, e ao mesmo tempo precisava ajudar minha família. Agora eu subia a rampa com meus irmãos quase todas as tardes, confesso que um pouco contrariado, e já sem a rotina do colégio para preencher meus dias.

O trabalho na rampa era bom e ruim ao mesmo tempo. Como tudo na vida, tinha seus dois lados: o dinheiro que conseguíamos tirar ali, em bem menos tempo que nos outros lugares, fazendo a nossa própria rotina de trabalho, sem patrão para chatear, pesava de um lado. Já a exposição, principalmente à violência, com a dor que ela trazia até para quem não fazia parte da história, pesava do outro. Esse era o lado do aterro que mais me incomodava. E algumas vezes – confesso – me fazia ter medo.

Certa manhã, recém-chegado ao trabalho, eu já com a sacola nos ombros esperando o próximo caminhão descarregar, fui obrigado a conhecer esse lado mais cinza do aterro de que até então só sabia notícia. Era o lado que havia para além dos urubus, da magia, dos brinquedos enterrados no lixo.

– Meu Deus, que horror!

A voz vinha de trás, de um rapaz que catava mais ou menos perto de nós. Eu me virei, mas continuei parado, acompanhando de longe a reação dos outros, alguns curiosos, outros assustados, todos aflitos com a expectativa.

– O que foi? Achou alguma coisa? – minha mãe perguntou enquanto me puxava até ele.

O tal rapaz não respondeu. Continuou olhando para baixo, enquanto balançava de leve a cabeça. Eu parei de novo, fiquei olhando de longe. Vi quando o pessoal foi chegando perto, procurando com os olhos a causa daquele espanto todo. E reparei quando uns viraram o rosto, outros ficaram imóveis, os olhos fixos, uns poucos se agacharam para ver ainda mais de perto, como que querendo tocar para ter certeza.

Diante deles, estava o corpo de uma garota, de 13, no máximo 14 anos, a barriga marcada por cortes finos feitos a faca, as roupas sujas. Ela tinha sido morta e o corpo, largado numa caçamba. Da caçamba, foi parar num dos caminhões que carregavam para o aterro o lixo de várias cidades em volta. E agora estava ali, caída feito coisa, era só o resto do que um dia foi – ou gostaria de ter sido.

Minha mãe ficou em choque. Eu preferi não olhar, a descrição dos outros me bastou para sentir a morbidez de tudo. Os curiosos foram chegando, se aglomerando sobre o corpo, querendo saber quem era, e a notícia logo se espalhou. A menina, de uma comunidade das redondezas, tinha sido vítima de um ex-namorado, dizem que traficante. A história que correu depois foi que eles brigaram, ela quis terminar, ele não gostou da ideia e decidiu resolver o "problema" por conta própria. Só não esperava que um dia alguém pudesse encontrar o corpo que ele achava ter escondido tão bem.

Esse foi só um dos casos de violência que vimos de perto – minha mãe sempre mais envolvida que eu. Não que ficasse correndo atrás, mas bastava saber que tinha caído outro corpo no aterro, e que a vítima era mais ou menos da nossa idade – minha e dos meus irmãos –, que ela logo temia que fosse um de nós. Dona Gerusa sabia que nós saíamos à noite, gostávamos de ficar na rua até tarde, e por isso não tinha sossego. Graças a Deus, nunca aconteceu nada parecido conosco, mas minha mãe sempre acabava afetada pelo peso daquelas histórias, das mortes, das famílias tendo de ver seus filhos mortos no meio do lixo. E o mais sinistro é que, quando um corpo era achado no aterro, os próprios catadores, sem saber o que fazer, terminavam por enterrá-lo ali mesmo.

Às vezes, corria a notícia, do lado de fora do aterro, de que "Fulano de Tal" tinha desaparecido, mas ninguém conseguia encontrar. Passavam-se dias, semanas. E quando já não sabiam mais onde poderia estar, alguém tinha a ideia, que parecia louca, de procurar no aterro. Aí era quase um evento, eles mobilizavam tratores e escavadeiras, principalmente se o desaparecido fosse ligado a alguém importante. Não era sempre, mas aconteceu algumas vezes de descobrirem, depois de uns dias de busca, que, sim, o corpo que estavam procurando tinha sido mesmo enterrado lá.

Uma vez, sumiu um garoto cujo pai era comandante do Exército. Já estava sendo procurado fazia uma semana, mas nada de encontrarem. Foi quando chegaram à conclusão de que ele só poderia ter sido carregado por uma caçamba. E o destino final era o aterro. O pai, que era um sujeito conhecido, exigiu da Comlurb vários tratores para escavar uma área de quase 700 metros quadrados, onde tinha chance de o garoto ter sido enterrado. Não deu outra. Depois de uma semana e muita terra revirada, finalmente encontraram o corpo. Em compensação, foi a última vez que enterraram corpo lá. Dali em diante, quando calhava de o pessoal encontrar um, eles logo tiravam do lixo e deixavam num lugar reservado até a polícia chegar.

A falta de regras – ou de leis – fazia do aterro o lugar para onde acabava indo, além do lixo e dos excessos de algumas casas, tudo aquilo que precisava desaparecer. Por isso, até corpo de criança, bebê mesmo, encontrávamos por lá. Às vezes, quando abríamos uns sacos daqueles pretos de lixo, atrás do material para catar, nos deparávamos com uma dúzia de fetos, muitos até bem desenvolvidos, deviam ter já seis, sete meses. Eram fruto das clínicas de aborto clandestinas que também vinha parar em nossas mãos.

Nós também sofríamos um bocado quando tinha que trabalhar com chuva. Tudo alagava, a bota enchia de lama, não tinha onde se abrigar. Sem falar no vento frio batendo nas costas, o barulho ecoando no descampado, o tempo fechando aos poucos, entre relâmpagos e trovoadas – às vezes, eu me sentia dentro de um filme de terror.

Brincadeiras à parte, o que mais nos preocupava eram os acidentes com raio. Uma vez, um catador, durante uma tempestade daquelas, resolveu subir a rampa apoiado num caminhão compactador. Nós fazíamos isso direto, pegávamos "carona" nesses caminhões. Em dia de sol, tudo bem. Mas em dia de chuva, era muito arriscado, já que esses caminhões são revestidos de aço, que atrai raio. Talvez ele não soubesse desse risco, ou sabia, e mesmo assim quis arriscar. Não deu sorte. No dia seguinte, soubemos que tinha morrido eletrocutado.

E as histórias não param por aí. Uma tarde, uns amigos chegaram para trabalhar, mas estava tudo deserto. A rampa estava nua, não tinha catador nenhum. Eles estranharam – era um dia comum, horário comum –, mas resolveram seguir mesmo assim. Assim que chegaram à parte alta, entenderam o silêncio da rampa. Já para o resto não tinha explicação: oito corpos, todos sem cabeça, as cabeças espalhadas pelo aterro, uma violência difícil de entender. Era o aterro servindo de palco para o tráfico, com direito a chacina, muro de execução e seus mortos ali, para se ver e temer o poder deles.

Com o tempo, vendo a reação dos outros, a violência se repetindo quase toda semana, alguns abusos virando rotina, acabamos nos acostumando com os vícios daquela terra sem lei. Era chefe de segurança cobrando propina dos catadores em troca de permissão para subir a rampa e trabalhar, traficante confiscando frasco de perfume, garrafa de uísque e outros materiais "de valor" para falsificar e revender.

Quase todos os dias tinha alguma surpresa, um ou outro corpo indo parar no aterro – fosse de alguém assassinado na cidade, levado para lá pelos caminhões, fosse de catador atropelado no breu do aterro, quando parava para descansar de madrugada. E na semana seguinte, as histórias se repetiam, destoando apenas nos detalhes, nos nomes, nos endereços.

Era o ano de 1996 quando as primeiras mudanças começaram a acontecer. O aterro – até então sem regras, comandado por poucos catadores que ditavam suas leis particulares, mas ao mesmo tempo a nossa maior, melhor, quando não única, fonte de renda – agora passava a ser organizado e gerido por uma empresa privada, contratada pelo governo.

O estado do lixão – que ainda não tinha as características de um aterro sanitário – já estava crítico há muito tempo, mas só então, por causa de pressão do Ministério Público Federal, começou a ser notado pelas autoridades. O pontapé inicial foi dado pela ECO-92[4], que trouxe à tona a questão do lixão de Gramacho. A área onde devia ter sido instalado um aterro sanitário desde 1975 foi, durante pelo menos 20 anos, explorada sem qualquer cuidado. O lixo acabou invadindo o manguezal e a Baía de Guanabara, até a região se transformar num imenso lixão a céu aberto.

Daí a ideia das autoridades de "humanizar" as nossas condições de trabalho – catar lixo passou a ser oficialmente considerado "atividade insalubre, penosa e perigosa" – e, ao mesmo tempo, dar uma trégua à região. Vários profissionais se engajaram na causa, que exigia conhecimentos da parte biológica, química, física – mas também, e, sobretudo, da parte humana e social.

O principal objetivo por trás daquela mobilização toda era promover alguns ajustes na nossa estrutura de trabalho. Pelo menos na teoria a ideia era que continuássemos trabalhando como catadores, mas não mais direto no aterro, garimpando os materiais com as mãos. Agora nós passaríamos a separá-los em outros moldes, dentro de uma estrutura física tida por eles como mais segura.

4 Também conhecida como Rio-92 ou Cúpula da Terra, a Conferência das Nações Unidas sobre o Meio Ambiente e Desenvolvimento, realizada em 1992 no Rio de Janeiro, reuniu mais de cem chefes de Estado para debater formas de desenvolvimento sustentável, um conceito relativamente novo à época. Pela primeira vez os países começaram a moldar ações com o objetivo de proteger o meio ambiente.

10. Aprendendo a cooperar

– A PARTIR DE AGORA, algumas coisas vão mudar aqui no lixão.

Era uma manhã qualquer, e fazia calor como nunca. Um pessoal que nunca tínhamos visto havia chegado nuns caminhões diferentes, que também não estávamos acostumados a ver pelo aterro. Uma moça alta, arrumada, devia ter uns 30 anos, falava em pé, numa parte mais central do lixão, de onde dava para ouvir bem o que dizia mesmo de longe. Ao lado dela, havia outras duas moças, mais ou menos da mesma idade e, mais adiante, dois seguranças também de fora.

– Primeiro, vamos identificar vocês, um a um – ela continuou explicando, tentando prender a nossa atenção, competindo com as nossas necessidades mais urgentes. – Depois, vamos mudar um pouco o jeito como vocês trabalham... – e os caminhões iam e vinham, entre o barulho dos urubus, as sacolas despencando do alto dos tratores, o resto do mundo seguindo sem grandes interrupções.

Essa foi a primeira vez que eu vi a Valéria, a tal moça alta que anunciava as mudanças. Ela era assistente social, e desde o primeiro contato fez questão de estar perto de nós, pisando nos montes de lixo, experimentando também aquele ângulo meio disforme pelo qual víamos o mundo. Disse que estava ali para nos ajudar numa transição importante, que seria para o nosso bem etc. Não chegamos a nos falar, mas lembro que gostei dela logo no início. Nem todos os catadores gostaram. Na verdade, a primeira reação do pessoal foi péssima, inclusive a da minha mãe.

A sensação geral era de estar tendo seu espaço invadido. O que chegava para ser melhoria foi encarado como interferência. Eu entendia o pessoal, mas no fundo concordava que as coisas tinham mesmo que mudar. Meu sonho sempre foi acabar com toda aquela miséria do aterro. Não achava certo ter que conviver daquele jeito com os acidentes, as mortes, a vida virando um detalhe em meio à necessidade de sobreviver. Por isso, acho que me identifiquei com a Valéria, mesmo sem conhecê-la tão bem. Diferente dos meus amigos, até da minha família e das pessoas mais velhas, eu a enxerguei como a "salvadora da pátria", a pessoa que estava chegando para revolucionar as condições no aterro e consertar tudo o que estava indo mal.

O que nem eu, nem ninguém poderia imaginar, pelo menos naquela época, é que a chegada da Valéria não se limitaria a mudar apenas as estruturas do aterro. Seu alcance era muito maior, e aos poucos viria a atingir – e a transformar – também a minha vida e a da minha família.

Tudo começou um ano antes, em 1995, quando ela foi convidada por uma amiga, assistente social também, a entrar numa concorrência pública para fazer um trabalho social no lixão de Gramacho. Ela nunca tinha trabalhado com nada parecido, mas adorava um desafio. Por isso, num dia quente de fevereiro do ano seguinte, com todos os papéis aprovados, pisou no aterro pela primeira vez.

A responsabilidade dela, ao lado de mais duas assistentes sociais, era conduzir a nossa transferência da frente de serviço – como elas chamavam a área do aterro onde nós catávamos o lixo – para a tal estrutura física onde se daria sequência ao processo de separação do material. Para elas, parecia fácil, e até bastante lógico. Só que na prática não era tão simples.

Esse primeiro contato entre dois mundos tão distintos – o dos catadores e o daquelas pessoas de fora, tão diferentes de nós – foi um desafio e tanto. Não estávamos acostumados a muitas regras, horários, fichas de identificação. Vivíamos livres, feito tribo, a lei não chegava até nós, não nos amparava, mas também não nos enquadrava em seus moldes fixos. Por isso mesmo, alguns catadores nunca haviam sido registrados – diante da lei, não eram ninguém. Nasciam, viviam e morriam sem existir. Mas a realidade do outro lado, que agora dividia espaço conosco, era feita justamente de regras, com direito a cronogramas, formulários e crachás, e o principal: realmente precisava deles para funcionar.

Durante dois anos, por causa dessa e de outras diferenças, pouca coisa andou. As assistentes sociais faziam o que podiam para entender a lógica de um espaço tão nosso quanto de ninguém, mas a maior parte dos catadores tinha medo de perder o (já) pouco que tinha se aceitasse as mudanças. Atravessar para o outro lado exigia coragem – e se a história não fosse tão bonita como contavam? As assistentes, psicólogas e toda a gente de fora, com seus formulários e discursos, eram a voz da opressão, da privação, de uma lei que definitivamente não tinha sido feita para nós. A fronteira não era física, mas talvez por isso mesmo parecesse intransponível.

Mas não, não era tão intransponível assim. Com o tempo, um grupo começou a baixar a guarda, e o serviço social pôde começar a organizar algumas coisas. Primeiro, eles fizeram a identificação dos 960 catadores regulares na época – nome, endereço, idade, o que catava, para quem, quanto recebia pelo trabalho etc. Depois, cuidou de proteger o trabalho de quem queria e podia trabalhar – cada catador recebeu uma carteirinha verde, que vinha com um número de cadastro. Eles chamavam de "carteirinha do serviço social", espécie de passaporte para o aterro, para ajudar a impedir os velhos abusos.

Foi num processo desses, de contato entre lá e cá, que a minha mãe conheceu a Valéria, que nessa época já tinha assumido a "coordenação" da parte social toda, e era a "profissional" mais próxima de nós. Dona Gerusa, como a maioria dos catadores, temia que as novas mudanças tirassem a "segurança" que a vida no lixo tinha nos dado, ainda que daquele jeito torto.

– Progresso para pobre é só ferradura – dizia, enquanto lembrava que vivíamos feito índio, que é livre, e "através de ser livre é que sobrevivíamos".

Até que a Valéria, em meio a essa incompatibilidade declarada, começou a notar que minha mãe tinha algo de diferente. A liderança herdada por Seu Agostinho começava a se manifestar, ainda que em pequenas doses, ocultada naquele espaço de mínimas possibilidades. Sempre que havia algum conflito, lá estava Dona Gerusa cuidando de resolver, falando de direitos, aconselhando os outros, aproximando os desunidos, tomando a iniciativa, enfim: liderando.

Vendo o interesse dela pelos outros e a gana de lutar por melhores condições, a Valéria percebeu que, muito melhor que continuar em lados opostos, o que elas tinham era que se unir. Juntas, poderiam somar muito mais àquele movimento inevitável de mudanças que estava prestes a acontecer, com ou sem o apoio dos catadores – mas melhor que fosse com eles.

E foi assim que a minha mãe, amparada pela Valéria, liderou a mobilização do pessoal na criação da primeira cooperativa de catadores dentro do aterro, a Coopergramacho. Mas é claro que esse processo não foi fácil:

– A Valéria é muito lerda, tudo ela ouve, tudo tem que esperar – reclamava de um lado a minha mãe, que achava que tudo tinha que ser resolvido no grito.

– Gerusa, não é assim que as coisas funcionam – se defendia Valéria. – Você tem que aprender a ouvir mais, é conversando que a gente se entende.

Em pouco tempo, mais gente foi aderindo à causa, que conseguiu juntar 22 catadores. Eles eram, na prática, as 22 lideranças que davam corpo e voz à cooperativa. Mas discutir qualquer coisa com eles não era tarefa nem um pouco simples, e isso eu vi de perto.

Mais de uma vez, minha mãe teve que ir direto do trabalho para as reuniões e, sempre que estava com ela, eu acabava indo junto. Lembro que era a maior discussão, todo mundo falando ao mesmo tempo, para decidir às vezes coisas bem simples. As lideranças, ainda desacostumadas a dialogar, achavam que ganharia quem gritasse mais alto. As assistentes sociais, que eram três, contando a Valéria, tinham que praticamente perder a voz se não quisessem perder a vez.

E, como se o grupo já não estivesse diversificado o bastante, tinha também sociólogo, como o Eleonor Brito; engenheiro, como o José Penido; advogado; psicólogo; cada um falando a sua língua enquanto se esforçava para aprender o dialeto do outro, na esperança de uma hora ser entendido.

Minha mãe tinha muita dificuldade de lidar com as divergências. Embora tivesse herdado o espírito de luta do meu avô, faltava a ela ainda um pouco de paciência, tolerância, capacidade de ouvir para então ser ouvida.

Uma vez, eu estava ali no meio, sem entender muita coisa, vendo gente em pé, gente na porta, gente gritando. Lembro que começou uma discussão por causa do estatuto, minha mãe se estranhou com o Beroni, nosso companheiro do aterro, e tacou uma caneca de vidro na direção dele. O copo foi direto na cabeça do homem, que por sorte não se machucou nem nada. Enquanto isso, a Valéria, numa tentativa de mediar as coisas, e ao mesmo tempo chamar a atenção para si, deu um soco na mesa dela, que já estava meio velhinha e se partiu ao meio.

Era assim, numa luta em todas as direções e sentidos, que a cooperativa dava os seus primeiros passos.

ESTATUTO ESCRITO, CHAPA ELEITA, VOTOS contabilizados, a Coopergramacho saía finalmente do papel. Na prática, consistia na tal estrutura física onde a separação de material continuaria acontecendo, só que de um jeito diferente: nós não teríamos mais que ir até o meio do lixão, catar de saco em saco, sujar as mãos e os pés. Ao invés disso, o lixo agora seria diretamente despejado pelos caminhões sobre uma esteira rolante, na intenção de nos poupar da exposição de antes.

A cooperativa também garantia equipamentos de proteção individual, como máscaras, luvas e um colete em cujas costas se lia "Pró-cooperativa – Coopergramacho", que servia para organizar a nossa circulação – quem estava entre os cooperados não devia mais subir para catar na rampa, pelo menos não oficialmente.

Mas não era só de flores que vivia a Coopergramacho. Apesar das mudanças, que iam aos poucos acontecendo (ou quase), e da adesão de um bom grupo de catadores a elas, a nova lógica de trabalho, em cooperativa, tinha lá seus furos, e por causa deles não conseguiu atrair a quantidade de catadores que esperava – ou precisava. O que aconteceu foi que, dos 960 cadastrados, apenas 240 optaram por integrar a cooperativa. Os outros 720, embora cadastrados – ou seja, o que os vinculava de alguma maneira a Comlurb –, preferiram continuar subindo a rampa para trabalhar quando bem entendessem, ignorando, com isso, a segurança da cooperativa.

A escolha não era infundada. Todo mundo sabia que o trabalho individual, catando na rampa, rendia bem mais. Trabalhava-se tanto quanto fosse preciso, era a necessidade falando mais alto. Na cooperativa, não. Apesar dos benefícios como trabalhador assalariado, tinha que trabalhar sempre, mesmo quando não quisesse, ou não precisasse, para receber, como todo mundo, um salário no final do mês.

Além disso, era difícil se acostumar à existência de regras, e muitos catadores insistiam em alguns vícios dos tempos do lixão – tipo vender garrafas PET fora do turno, trocar cheque com agiota, tentar burlar a segurança. Acontece que, para nós, que tivemos que sobreviver por conta própria, lutando sozinho por tanto tempo, era difícil, de repente, assimilar uma coletividade tão incerta, que não sabíamos se seria capaz de continuar nos sustentando. Isso porque o que estava em jogo não era um dinheirinho a mais no fim do mês, mas o dinheiro exato para manter, cada um, a própria família.

Para piorar, o pacote de mudanças trazia, entre as novas regras, uma em especial que me atingiu em cheio: embora as condições gerais de trabalho tivessem melhorado, a atividade continuava sendo considerada imprópria para idosos, portadores de necessidades especiais e menores de idade.

Nessa época, eu tinha 16 anos e, claro, estava entre os barrados. Não tinha jeito. Eu teria que aguardar a maioridade se quisesse voltar a trabalhar ali.

A Valéria chegou a conversar comigo, estava sempre à disposição. Tinha uma salinha na cooperativa onde ela ficava quando não estava correndo de um lado para o outro atrás de resolver todos os problemas dos catadores e da cooperativa. Eu gostava de ouvi-la, ela me aconselhava como se fosse uma mãe e, nessa ocasião em especial, parecia estar tentando me poupar das complicações que – talvez ela já soubesse, ou de algum modo sentisse – estavam prestes a desordenar a minha vida.

Aí começou uma fase difícil. Longe da escola, o aterro vinha sendo minha única distração. Era ele que me mantinha seguindo em frente ainda que não tivesse muitos motivos para isso. A rampa, como tudo na vida, não era só ruim, nem só boa, mas o convívio, a independência e as amizades que me proporcionou já começavam a fazer falta. Sem ela, como preencher as minhas tardes já tão vazias?

Mais uma vez, a vida me desafiava, exigindo que eu a encarasse nos olhos, de uma vez por todas, feito gente grande.

11. Entre o *glamour* e o pavor

Em 1995 – eu tinha 17 anos –, o tráfico de drogas estava firme nos morros do Rio. Na verdade, fazia alguns anos que o esquema já se estruturava como crime organizado – desde a virada dos anos 1970 para 1980, mesma época em que nasci.

O tráfico de drogas chegou às favelas nos anos 1950, quando a maconha começou a ser comercializada por pequenos traficantes. Eles a vendiam, a maior parte dela ali dentro mesmo, para os próprios moradores. Assim funcionou por 20 anos, nessa estrutura aparentemente simples, inofensiva até. Mas isso mudou radicalmente na década de 1970, com a chegada de uma nova droga.

Meio que por acaso, o Rio de Janeiro se tornou um dos pontos da rota internacional de cocaína, que saía da Bolívia rumo à Espanha e outros países da Europa: para chegar a seu destino, a droga tinha que passar pelos portos de Santos e do Rio. Uma fração dela, nesse momento, já começava a ser desviada.

Quase ao mesmo tempo, e não muito longe dali, nos presídios da Ilha Grande, as primeiras facções do crime organizado tomavam forma, fruto de outro acaso (ou melhor, fruto de uma das muitas arbitrariedades da ditadura militar): presos comuns assaltantes de banco e presos políticos que tinham passado a assaltar bancos para financiar a quadrilha urbana contra a ditadura foram enquadrados na mesma lei[5] e enviados, todos, para o mesmo presídio, o Instituto Penal Cândido Mendes, em Ilha Grande.

Ao nivelar os grupos de esquerda e os bandidos comuns, o governo militar pretendia despolitizar o movimento, e para provar que era mais forte encarcerou políticos e bandidos no mesmo setor do presídio, a Galeria B. A cadeia tinha se tornado depósito para os mais perigosos. E ganharia, mais tarde, *status* de "pós-doutorado" no crime.

Logo, a disciplina dos presos políticos começou a impressionar os outros. Mesmo encarcerados, eles mantinham as regras, o idealismo, a solidariedade. Tudo o que as famílias mandavam para os políticos era reunido num fundo comum e depois dividido para todos em partes iguais. A "admiração" contribuiu para que os presos comuns assimilassem as técnicas de organização e guerrilha dos militantes políticos.

O resultado foi a fundação, em 1979, de dentro do presídio mesmo, do Grupo União, criado originalmente para defender os direitos dos presos, que perdeu a formação política original, mas manteve a estrutura para se organizar como crime comum. Agora organizados, esses bandidos planejavam ampliar seu poder dentro do grupo, que ainda mudaria duas vezes de nome – primeiro para Falange Vermelha, e depois para Comando Vermelho (CV).

Com a entrada da Colômbia, maior produtora de cocaína, no tráfico internacional, esses dois acasos se cruzaram: o consumo de drogas na cidade, sobretudo pela classe média, começou a crescer, e a notícia logo chegou aonde interessava. Foi quando o CV, então quadrilha de

5 A Lei de Segurança Nacional. Neste caso específico, o Decreto-lei n. 898, de setembro de 1969, que vigorou por mais tempo durante a ditadura militar no Brasil.

assaltantes de bancos, reavaliou suas estratégias e migrou de "ramo", assumindo de vez o tráfico de drogas.

Em pouco tempo, o "negócio" chamou a atenção dos chefes do tráfico na América Latina e até mesmo da máfia italiana. Ainda que de dentro dos presídios, o CV dava o seu jeito de acompanhar e proteger as várias quadrilhas envolvidas no esquema.

O sucesso da empreitada foi tanto que, lá pelos anos 1980, provocou uma ruptura no CV, até então quase absoluto no tráfico de drogas no Rio. Dessa cisão, nasceram outras facções, como o Terceiro Comando e os Amigos dos Amigos (ADA). Quem estava ali tinha muito poder, e nenhum pudor para matar ou morrer. Para resolver a disputa pelo controle dos pontos de venda de droga, ou seja, pela manutenção dos novos territórios que surgiam, só mesmo com uma guerra. E ela veio frenética, com direito a corrida armamentista – nos anos 1990, a rota que ligava o Paraguai ao Rio de Janeiro passou também a ser usada para o tráfico de armas de guerra –, ataques violentos e disputas sem lei. A lógica "maconha-38" era substituída pela "cocaína-AR15".

Nos bastidores dessa guerra toda, havia os que temiam, os que tentavam se proteger, os que admiravam, os que queriam entrar nela também. E tínhamos nós, ainda moleques, sem muita malícia, deslumbrados com uma outra versão daquele mundo que nos parecia tão cheio de oportunidades, onde os chefões desfilavam com o Nike da moda, o cordão de ouro, a moto supercara da TV, a garota mais gostosa da favela. Onde íamos buscar a esperança de um dia ser alguém.

Isso porque lá dentro existe todo um *glamour*, um brilho que ofusca o lado sujo e feio. Estar no tráfico é sinônimo de poder, de *status*. E quando não, de superação, de exemplo a ser seguido – o sujeito que veio do nada, sem eira, nem beira, de repente ergue sozinho o próprio império, vira rei. Por alguns instantes, tudo isso faz pensar que entrar naquela roda vai te fazer vencer também.

É claro que o dinheiro deslumbra muita gente, mas o que está em jogo é muito mais que a grana. O tráfico dá poder, confere valor, integra quem entra na roda, traz reconhecimento, autoridade, "respeito". E é esse valor que tanta gente procura lá fora, e acaba indo buscar no pior lugar. Claro que não é respeito de verdade. Acaba sendo mais medo que respeito, mais pavor que valor, mas isso não importa quando o que se deseja é ser mais do que só mais um na multidão.

Canso de ver amigo meu reclamando de mulher que dá mais valor a bandido que ao sujeito trabalhador. Pode até ser, mas, na hora de julgar, a sociedade sabe muito bem distinguir o bandido do cidadão. Quem se envolve com o tráfico pode até achar, num primeiro momento, que ganhou o respeito dos outros. Mas basta ser expulso da favela, ou perder o cargo, que a realidade vem lembrar, sem dó nem piedade, que respeito não se perde assim, como se fosse coisa, que ora se tem, ora se perde e se recupera no dia seguinte, sem ter que construir, sem ter que lutar.

Quando eu passo pela Central do Brasil de manhã cedinho, vejo aquele monte de gente nova, jogada, e sei que muitos deles estão ali porque foram expulsos de favela – quase sempre porque eram de um grupo, mas a favela mudou de facção e agora não têm como voltar. As pessoas da favela que passam logo lembram, e algumas lamentam:

– Fulano era cheio de marra, agora virou mendigo.

Porque o que parece respeito é um falso respeito, uma falsa dignidade. Mas até nós entendermos isso, leva tempo. Tem que viver mesmo, quebrar a cara, amadurecer na marra. Por tudo isso, acho que quase todo moleque que nasce em favela, pelo menos uma vez, se deixa balançar pela ideia de virar bandido. Com ela, vem a possibilidade de ter acesso a coisas que de outra forma jamais se teria. De repente, aquele molequinho para quem ninguém dá bola recebe uma migalha de atenção. E justamente de quem?

– *Qualé*, menor, pega um isqueiro lá pra mim!

E vai, feliz da vida porque alguém reparou que ele existe, confiou nele, lhe deu importância. É assim, pegando o bendito do isqueiro para o traficante acender a maconha, que o "menor" começa a se deslumbrar.

– Aí, cinco conto – e recebe ainda mais feliz sua primeira recompensa, das muitas que ainda deve receber, e pensa logo "que cara legal", "que mundo diferente", e quando vê o isqueiro virou maconha, que virou cocaína, que virou um caminho de onde não dá mais para voltar.

E digo isso porque foi mais ou menos o que aconteceu comigo. Claro que no meu caso deu para voltar, mas podia não ter dado. Porque nesse mundo, o que te salva ou te condena é o detalhe, o segundo em que se decide entre pular ou ficar.

Em todo caso, eu me deixei iludir. Eu desejei ter o poder, ser respeitado e reconhecido, pendurar no pescoço o colar de ouro e ter na minha moto a gostosa mais gostosa da favela. E quem me fez desejar ser "o cara" – e levar uma vida sem pedras pelo caminho – foi um sujeito chamado Rildo.

Eu conheci o Rildo quando ainda era criança, e ele devia ter lá seus 20 e poucos anos. O Rildo era bandido, mas mesmo assim todo mundo gostava dele. Até a minha mãe, que implicava com tudo o que mesmo de longe pudesse ter a ver com tráfico. Ele tinha mesmo um jeito diferente de tratar os outros, era a simpatia em pessoa. Um cara bonito, preto, alto, elegante. Era o mais elegante de todos, fazia questão de se vestir bem, de se cuidar, era fino, educado. Gostava de usar roupa da Redley, tinha um Monza e um monte de mulher chovendo na horta dele.

Às vezes, aparecia lá em casa. Lembro que ficava conversando com a minha mãe. Quando ele saía para fumar, eu corria lá para fora e ficava por perto, reparando como se vestia, como falava com os outros – acho que para imitar depois. Tenho para mim que, apesar de não ter acesso naquela época, no fundo eu sempre soube o que era bom – e o Rildo tinha acesso a tudo o que eu nem mesmo podia imaginar.

Só depois de um tempo é que comecei a entender quem ele era, e o que fazia, mas mesmo assim gostava de estar com ele, nunca tive medo. E olha que o Rildo tinha moral com todo mundo, o tal do "respeito" que nunca se sabe se é ou não é. No aterro, o pessoal vivia catando vidro para ele, alguns até de bom grado, por livre e espontânea vontade, sem que precisasse mandar.

Por causa desse deslumbramento com o Rildo e com tudo o que ele representava para mim, de repente passei a andar também com gente que não devia. Gente que, diferente de mim, já estava naquele mundo há tempo suficiente para pesar os ganhos e as perdas. Um desses caras era o Melão.

O Melão era um amigo das antigas, nos conhecia desde moleque, do bairro mesmo. Um cara que deve ter entrado nessa por acaso, mas que uma vez lá dentro mergulhou de cabeça. Lembro que sempre foi um sujeito trabalhador. Trabalhava como porteiro de escola, era muito responsável. O engraçado nele é que era apaixonado por criança, adorava cuidar, fazer graça, era meio que o engraçadinho da turma. Fazia o tipo bobo da corte, estava sempre rindo e fazendo os outros rirem também.

Até que ele teve um problema, precisou deixar o emprego como porteiro da escola, e foi trabalhar conosco em Gramacho durante a noite. Foi aí que ele conheceu outros malucos e começou a usar droga. O problema é que a coisa foi aumentando, saindo do controle dele. E para ser traficante não dá para consumir, não assim. Tem que saber a hora de parar. Tinha vezes que eles pegavam a droga, diziam que era para trabalhar, para aguentar ficar acordado no aterro, mas depois continuavam usando. Eu logo percebi que tinha algo errado, que ele estava ficando muito viciado.

Assim que entrou para o tráfico, o Melão logo absorveu aquele espírito ruim que o sujeito lá dentro acaba absorvendo – aquela coisa pesada, um cansaço que vai consumindo a pessoa, por dentro e por fora.

Apesar de não fazer igual, de não ficar cheirando no aterro, bebendo até não poder mais, e de às vezes até tentar desencorajar as besteiras deles, eu comecei, de uma hora para a outra, a me envolver com os amigos do Melão. Fumava com eles, ia à favela, acompanhava o grupo na hora de vender droga. E o pior: eu fazia tudo isso na mais completa empolgação, na maioria das vezes sem nem saber realmente o que estava fazendo. Quase sempre era para estar com a turma, fazer companhia, muito mais do que para curtir qualquer onda, ou mesmo lucrar com aquilo. A verdade é que, para isso, para esse mundo obscuro do tráfico, eu sempre fui muito medroso.

Graças a Deus, à minha mãe, e ao bendito do meu medo, não fui muito longe.

Tínhamos combinado de ir juntos a uma festa, "na casa de uns amigos, coisa leve". Mais uma vez, eu estava com eles muito mais pela "amizade", sem nem saber direito para onde íamos realmente. Mas aí, chegando na tal "festa", que era na favela do morro Dois Irmãos, vi que a coisa não era tão inocente assim: tinha bebida, arma, droga, os traficantes em peso. Até tentei ficar mais no meu canto, mas acabei fazendo o que todo mundo fez – bebi, fumei, cheirei.

Na volta, lembro que pegamos uma Kombi – o pessoal armado, drogado, o carro cheio de quinquilharia. Eu totalmente na onda, mais para lá do que para cá, misturado com a galera, até parecia um deles. Escorado num dos bancos de trás, sentia o carro balançando na estrada de terra, o som alto, as casinhas da janela caminhando para cima e para baixo.

A Kombi parou, nós começamos a descer. Eu planejava dar um tempo por ali mesmo antes de ir para casa, até me recuperar um pouco. Mas não deu. Assim que pisei do lado de fora, reconheci, assim ao longe, a cabeça ainda meio tonta, minha mãe caminhando até a Kombi, os olhos apertados, a mão na cintura. Corri de volta para o carro, na esperança de me esconder. Não podia acreditar que ela tinha ido até lá, "alguém deve ter me caguetado", mas já era tarde.

Eu mal conseguia me manter em pé quando a vi entrando na Kombi, chamando meu nome, gritando com os outros, me puxando para fora, indignada. Eu tentei me desvencilhar do aperto, o pessoal olhando, e ela determinada a me levar nem que fosse pelos cabelos. Eu me debatia enquanto ela me segurava, me batia, e me arrancava para fora. Ela gritava para quem quisesse ouvir:

– Agora vou te matar, mas bandido você não vai ser!

Desse jeito desesperado e aflito, minha mãe me arrastou para casa, eu sem saber se me envergonhava diante dela, diante dos malucos do tráfico, ou diante de mim mesmo. Ela disse que, quando me viu, não quis nem saber se era Comando Vermelho, Comando Verde, só queria me tirar de lá, nem que fosse a última coisa que faria na vida.

E foi assim, aos berros e aos murros, sem medir força e palavra, que minha mãe me ajudou a dar o primeiro passo para fora daquele mundo onde eu começava a entrar para nunca mais sair.

Claro que eu a odiei por ter me tirado da Kombi a força, como se eu fosse um moleque, me desmoralizando na frente dos "meus amigos".

– E se a polícia invade a Kombi? – minha mãe continuava, em casa, e depois, e no dia seguinte, o mesmo discurso. – Você sozinho no meio de um monte de bandido, e desarmado ainda por cima!

Então comecei a entender. Senti vergonha de mim, decepção comigo mesmo. Pela primeira vez, percebi a besteira que estava fazendo. Pude entender que, se nos pegassem, eu seria só mais um. Vi o quanto tinha posto minha vida em risco, o quanto tinha decepcionado minha mãe e todo mundo que gostava de mim.

Depois, um monte de gente ficou sabendo:

– Larga isso, você não nasceu pra essas coisas – era sempre o mesmo conselho, todo mundo que me conhecia sabia que eu ia me ferrar, e feio. – Se der problema, sabe que você roda.

O tempo foi passando, até eu me convencer, ou quase, de que não levava mesmo jeito para a coisa. Estava ali de otário, não tinha maldade, não conseguia prever as consequências das minhas escolhas mal pensadas. Acho que, se tivesse me envolvido de verdade, como os outros, eu não teria chegado nem aos 18. A verdade é que eu estava no lugar errado, querendo ser malandro sem saber ser.

EMBORA JÁ TIVESSE TODA ESSA consciência, por algum motivo não conseguia, ou não queria, me afastar do pessoal. Eu já sabia que os nossos caminhos agora tomavam rumos muito diferentes, mas mesmo assim ainda dava umas vaciladas. Talvez eu precisasse ver, mais do que ouvir a respeito. O que estava me faltando, acho, era presenciar os fatos, concretamente. Ver com os próprios olhos que algumas estradas tocam o horizonte só nas nossas fantasias. No mundo real, são becos sem saída.

Então eu vi. Ironicamente, a vida me fez assistir, de camarote, à queda brutal de alguns dos meus parceiros, caras com quem dividi experiências do bem e do mal. Um a um, sem exceção, todos despencaram – e direto para o fundo do poço.

O primeiro deles foi o Rildo. Uma manhã, nós chegamos ao aterro e, bem do lado do barraco onde minha mãe trocava de roupa, estendido no chão sobre a terra batida, lá estava o corpo dele. Ao lado, havia outros corpos, de bandido e catador, todos mortos a tiro. A noite tinha sido de confronto com a polícia, que não poupou esforços – nem "balas perdidas" – para acabar com a festa do Rildo e seus amigos traficantes. E deixaram os corpos espalhados, para todo mundo ver, com a mesma intenção de sempre: alimentar o terror psicológico.

Foi um dia triste, a favela toda ficou mal. O Rildo era muito esperto, e ninguém imaginava que morreria tão cedo, muito menos assim, contra a polícia. Acontece que aquele caminho era fruto de uma escolha totalmente dele, cruel, mas só dele. Não que tivesse pedido para morrer, mas sabia dos riscos, e aqueles tiros manchando o corpo dele de sangue de algum modo vinham sujar as minhas mãos, me obrigando a entender a partir dele como seria, se eu insistisse nos mesmos erros, também o final da minha história.

E não parou por aí. Depois da história do Rildo, foi a vez do Melão. Como o Rildo, ele também nos deixou mais cedo do que deveria. Com a diferença de que o Melão não foi morto pela polícia, mas pelos próprios bandidos, gente que andava com ele, que se dizia amigo.

A história da morte dele acabou um pouco sem respostas. O que eu sei, quem me contou foi um dos caras que diz ter sido perseguido junto com ele, mas que acabou conseguindo fugir. Parece que o Melão foi torturado antes de morrer, desse jeito brutal que se vê nos filmes. Os traficantes prenderam o corpo dele aos pneus, só com a cabeça para fora, e depois tacaram fogo.

Demorei a acreditar que aquele cara feliz, que vivia rindo e nos fazendo rir, foi covardemente assassinado por gente tão próxima, com quem ele convivia direto, com quem dividiu tanta história. Não tenho nenhuma prova, mas tudo indica que a morte dele tenha sido queima de arquivo – porque acabou vendo e ouvindo coisa demais sobre os desfalques de droga dos outros, e por isso teve que morrer.

A verdade é que aviso não faltou. O Melão já tinha sido torturado várias outras vezes, eu mesmo já tive a infelicidade de vê-lo apanhando, só que da polícia. Na época, fiquei chocado, sem reação, com vontade de vomitar. A forma de bater, de torturar, era tudo tão desumano, é difícil até de contar. Lembro que, quando os policiais foram embora, tentei convencê-lo a sair daquilo:

– Você é maluco. Vai acabar morrendo, os caras te penduraram...

– Isso não é nada, pior é quando eles dão choque – e me contou, em detalhes, como funcionava aquela tortura que eu ainda não conhecia.

Foi aí que meu medo falou mais alto que qualquer desejo de ser grande, de ter poder, fama e dinheiro. De repente, ser chefe do tráfico ou de qualquer outra coisa perdeu completamente o *glamour*.

– Ah, não, choque é demais! – eu disse. – Então agora tá decidido: não tem a menor chance de eu ser bandido, que se tem uma coisa que eu tenho pavor é de choque.

Pode parecer bobo, mas essa foi a primeira vez que eu reconsiderei sinceramente a possibilidade de me envolver com o tráfico. Eu não ia esperar eles me torturarem para falar, ia falar antes, caguetar todos os meus companheiros, seria um traficante patético, sem a menor dúvida. De repente, no meio daquela "brincadeira" toda, ficou tudo muito claro para mim: se eu entrasse praquele esquema, era óbvio que eu ia morrer. Fosse pela mão da polícia, fosse pela dos bandidos.

NO DIA EM QUE O Rildo morreu, não tem como esquecer, não foi só traficante que a polícia matou. Misturado aos bandidos tinha também gente inocente, catadores como nós. Um deles era amigo de infância do Nilson e da Glória, o Danilo. Eles viviam juntos, lembro que quando bem novinhos brincavam que eram o Batman, o Robin e a Batgirl.

O Danilo catava alumínio com eles, era um sujeito bom, trabalhador. E estava lá, na mesma massa, mas isso nunca importou na hora de policial chegar invadindo. Não importava naquela época, e hoje continua sem importar.

Em 2013 veio à tona o drama do Amarildo[6], morador da Rocinha que sumiu depois de ser detido pela PM. Muita gente ficou indignada com a postura dos policiais, surpresa até, e foi pedir justiça nas ruas, nas redes sociais, exigir que investigassem mais, corressem atrás da verdade, porque era um absurdo a polícia agir como agiu. E é mesmo, mas quem circula pela favela sabe que, lá dentro, tem caso assim todos os dias.

Na favela, o que não falta é Amarildo. Na minha comunidade mesmo, se eu fosse somar, perderia as contas de quantas pessoas de bem "despareceram", a maioria morta como se fosse traficante, fotografada para o jornal com arma na mão. Exatamente o que aconteceu com o Bidu, um vizinho que tivemos.

O Bidu era também nosso amigo, casado com a Vera. Homem de bem, sempre fez questão de se manter longe de bandidagem. Uma noite, devia ser umas nove horas, ele saiu para buscar água nuns latões que ficavam do outro lado da rua. Mal o Bidu pisou do lado de fora, nós já ouvimos os tiros. Era a polícia invadindo, atirando para todos os lados. Ele estava segurando um caneco numa das mãos, a polícia "achou" que era uma arma e disparou nele. Ouvimos o barulho e fomos ver o que era, eu vi a Vera desesperada, correndo na direção do marido, tocando o corpo dele aflita, querendo saber se estava vivo, mas não.

No dia seguinte, saiu no jornal que o Bidu era bandido. Colocaram uma arma na mão dele e disseram que era traficante. Do lado da notícia, tinha uma foto do corpo, jogado lá perto dos tais latões de água – justamente onde ele estava indo buscar água para tomar banho. Mas na legenda não tinha nada que pudesse desfazer a injustiça que estava sofrendo. Na TV, o mesmo de sempre, só: "mais um bandido morre em troca de tiro com a polícia".

Lá na favela, todo mundo sabia que ele era trabalhador. E, no entanto, ficou por isso mesmo. Ninguém se deu ao trabalho de investigar. Era

6 O ajudante de pedreiro Amarildo Dias de Souza está desaparecido desde julho de 2013, quando foi detido por policiais militares e conduzido de casa, na Favela da Rocinha, até a sede da Unidade de Polícia Pacificadora do bairro. Seu caso ganhou ampla repercussão, sobretudo durante as manifestações que se espalharam pelo país, e virou símbolo contra o abuso de autoridade e a violência policial.

mais fácil dizer que era bandido, e o caso estava encerrado. Sem punição. Sem questionamento.

Para a polícia, infelizmente, até hoje é assim: quem mora na favela é bandido, não importa se é velho ou novo, homem ou mulher, trabalhador ou não; sempre se é tratado com a mesma truculência, a mesma arbitrariedade, o mesmo autoritarismo.

Todo mundo sabe, mas é bom lembrar: a polícia que está lá, nas comunidades, para nos proteger do tráfico, não é preparada para proteger ninguém. O cidadão está totalmente desamparado.

Enquanto a polícia for militar, ela vai ser treinada para o combate. Eles vão continuar atuando feito soldados em combate, e mirando sempre na comunidade, que é o alvo. Para eles, não passamos de bandidos.

Para mim, o modelo de Unidade de Polícia Pacificadora[7] (UPP) foi implantado no Rio muito mais para dar uma resposta à sociedade rica, que de repente viu ameaçado seu direito de ir e vir, do que para servir como política pública para integrar a favela ao asfalto. Até porque, nós sabemos muito bem, o que sempre se temeu foi exatamente o oposto: a favela descer o morro.

A sensação que se tem, lá de dentro, é que a geografia das favelas foi pensada com todo o cuidado justamente para manter essa fronteira por muitos e muitos anos. Inibe a chegada do poder público, com o governo assistindo às pessoas se amontoando e permitindo essa amontoação, quase que "cultivando" o terreno ideal para o tráfico florescer – um espaço onde ninguém entra, aonde nada chega.

Isso porque, geograficamente, toda favela se parece. Com seus becos e vielas, que se enroscam e dificultam o acesso, seja da polícia, da loja de móveis, da Cedae, da Light, dos bombeiros... do que quer que se venha a precisar. E não é que o poder público não *tem* acesso – na verdade, ele não *quer ter* acesso. Porque quando quer, nós sabemos bem, não há beco ou viela que seja capaz de impedir.

7 Projeto da Secretaria de Estado de Segurança do Rio de Janeiro para instituir polícias comunitárias em favelas. Em tese, o objetivo é garantir a segurança, desarticulando as quadrilhas que controlam esses territórios por meio de "parceria entre a população e as instituições da área de segurança pública".

Até agora, tudo o que as UPP mostraram foi: "estou aqui – o Estado –, mas trazendo a força bélica, não a força social". Ainda não dá para ver o poder público trazendo as outras coisas, melhorando de verdade a vida dos moradores, pensando minimamente neles. E, não, as pessoas não se sentem seguras lá dentro – é difícil encontrar um que tope dar abertamente sua opinião sobre a UPP.

Se a polícia é "o Estado na favela", tem o aval do governo, e de certa forma da sociedade, o que esperar do cidadão quando é vítima de seus abusos? Que ligue para o próprio batalhão em que trabalha o policial? Que o denuncie aos seus colegas, talvez cúmplices do seu arbítrio?

O problema da segurança ainda não foi resolvido. E agora não envolve mais só o traficante, envolve também a polícia.

12. Na corda bamba

Quando o aterro implementou as tais mudanças, lá em 1996, e afastou do trabalho um grupo grande de catadores, a ideia original até tinha um lado inclusivo – eles planejavam encaminhar os que ficaram desamparados, principalmente os mais velhos, para outras atividades –, mas isso nunca aconteceu de verdade. O resultado foi óbvio: muita gente ficou sem ter de onde tirar o próprio sustento. E, claro, tratou de dar o famoso jeitinho brasileiro para continuar trabalhando lá.

O pessoal que insistia em burlar as regras não fazia por mal, mas pela necessidade mesmo, fosse de comer, de pagar as contas, alimentar os filhos. O aterro podia ter mudado, mas o resto do mundo continuava igualzinho, com as dificuldades e as exigências de sempre. E para continuar seguindo em frente – ou para o lado que fosse possível –, era preciso dançar conforme a música.

Nós, que estávamos excluídos do trabalho na rampa, mais novos e mais velhos, às vezes subíamos para catar de madrugada, bem no intervalo da segurança, na esperança de não sermos vistos. Outro "esquema" era catar materiais mais leves, como alumínio e papel, para poder transportar lá para baixo na mão mesmo, sem precisar da ajuda dos caminhões, que só chegavam pela manhã, quando a guarda já estava a postos. Claro que nem sempre dava certo, e quando isso acontecia chegava a dar pena: o segurança mandava jogar o material todinho fora, tudo o que o cara tinha passado a madrugada inteira recolhendo. E aí é claro que rolava briga, só para não perder o hábito – e o pessoal sem entender aonde aquelas milhares de novas regras iam nos levar.

Eu mesmo fui pego uma vez tentando subir a rampa. Era fim de tarde, quase escurecendo, e decidi me aventurar – queria ver se descolava algum dinheiro para o fim de semana. A sorte é que estava com a minha mãe, e acabaram fazendo vista grossa. Acabei seguindo viagem, mas, já lá em cima, achei melhor não catar naquele dia. Depois, podia sobrar para a minha mãe, que não tinha nada a ver com a história. E eu sabia que, se também ela fosse impedida de entrar no aterro, as coisas ficariam ainda mais difíceis para nós.

É verdade que fizemos de tudo para voltar, nós que não nos enquadrávamos na nova "lei" do aterro, mas essa não parecia uma opção possível. Ao mesmo tempo, eu me sentia na obrigação de arrumar outro trabalho – confesso que me doía ver os sacrifícios da minha mãe e não poder ajudá-la nem um pouquinho. Fora isso, eu já tinha provado do gosto doce da independência, e agora sentia falta do meu próprio dinheiro para comprar as coisas, sair, namorar. O jeito era correr atrás de outro serviço, ainda que provisório, pelo menos até completar 18 anos – se é que ainda teria vontade e disposição de voltar para o aterro um dia.

Foi uma época meio doida, de experiências que, apesar da correria, da instabilidade, dos sacrifícios, me abriram as cortinas para o mundo.

Uma dessas experiências foi no açougue, o primeiro emprego que arranjei. Lá, comecei matando galinha, depois fui "promovido" e passei a desossar. Não era muito bom, mas me adaptei logo. Tive que me adaptar. Bem nessa época, eu entrando no açougue, lembro que o Melão tinha conseguido o emprego de porteiro no tal colégio. Ainda nos divertíamos um bocado. Nem podíamos imaginar o que estava por vir.

Eu já estava meio cansado do açougue, quando surgiu a oportunidade de trabalhar como ajudante de pedreiro. Como pagava melhor, aceitei. Lá, descobri que ajudante de pedreiro sofre um bocado, é quem realmente pega no pesado – o pedreiro mesmo só cuida da parte técnica. Eu trabalhava muito, muito mais que qualquer pedreiro, e comecei a perder um pouco a paciência.

Assim, eu perambulei por vários outros trabalhos informais – um dos últimos foi como instalador de ar-condicionado. Quando eu conseguia um trabalho – por mais que logo me cansasse dele –, ficava feliz pra caramba, me achava o máximo. Ter um trabalho me fazia dono do meu próprio nariz, livre para ir e vir, e voltar só se eu quisesse. Talvez por isso, exatamente na mesma época, eu tenha começado a desandar de vez – abandonei pela segunda vez o colégio (eu estava tentando voltar a estudar, desta vez já no Aquino de Araújo), comecei a frequentar baile *funk*, brigar, zoar. Só me importava curtir, comprar roupa, andar arrumado, pegar mulher, ostentar – ainda que fosse o pouco que tinha.

A situação de Jardim Gramacho na época, isso na década de 1990, também não ajudava muito. Entre os jovens, então, o ócio imperava, ainda mais entre aqueles que, como eu, já não estavam mais na escola. Lá só havia duas opções, nada tentadoras: coçar o saco o dia inteiro ou caçar algum tipo de trabalho informal. Eu, apesar das besteiras que aprontava, pelo menos estava no segundo grupo. Mesmo quando decidi virar "rebelde sem causa", trabalhava para isso, nunca roubei. O problema é que o trabalho, mesmo para nós, era só de meio turno, de modo que ficávamos com as tardes, a partir das duas horas, praticamente livres, à espera de qualquer porcaria com que pudéssemos preenchê-las.

No aterro, era diferente, nós tínhamos mais trabalho, tínhamos no que focar, não ficávamos tão à toa. Dos 13 aos 16 anos, época em que trabalhei como catador, saía de casa cedo, antes das cinco da manhã, para estar em Jardim Gramacho às seis. Trocava correndo de roupa, chegava ao aterro às seis e meia e trabalhava, daí, até às cinco da tarde. Claro que eventualmente íamos mais tarde, às vezes trabalhávamos de madrugada, dependia sempre da necessidade. Mas, na prática, funcionava como um trabalho convencional.

Por bastante tempo, até meus 20 anos mais ou menos, nosso único lazer na comunidade era jogar futebol. Ficávamos no campo, que tinha lá na parte baixa, de três da tarde até as oito da noite. E, por ser o único, era um programa disputadíssimo. A fila chegava a uns 60 homens, de 17, 25 e até 40 anos – porque nessa fase o desemprego afetava todas as idades. A concorrência para jogar bola era tanta, que tivemos que criar regras especiais: cada partida durava 10 minutos ou até um dos times fazer dois gols e, se empatasse, decidíamos na moeda. Sem falar que a maior parte do tempo ficávamos "de fora", esperando a nossa vez de entrar.

É triste, mas a verdade é que fomos uma juventude ociosa, carente de oportunidades. E o pior é que a falta de opções era o convite perfeito para nos encrencarmos, nos envolvermos com as porcarias, como o tráfico e a bandidagem que o sustentava.

Quando vejo a juventude de hoje reclamando de tudo, que não tem oportunidade, que não tem emprego, penso logo no que diriam se tivessem vivido o que vivemos.

Depois de migrar de um trabalho para outro, finalmente me aquietei como vendedor de gás. Eu adorava. Era o melhor trabalho que já tinha tido, o que pagava melhor e o que mais durou – fiquei mais de um ano vendendo gás. A melhor parte dele, para mim, era a oportunidade de estar sempre por aí, desbravando o mundo. A rotina exigia que circulássemos por vários lugares levando os bujões – de favelas a condomínios, muitas vezes entrando nas casas, conhecendo as pessoas, assumindo novos pontos de vista. Vendendo gás, um trabalho considerado subalterno, pude conhecer vários lugares e, talvez pela primeira vez, perceber que havia um mundo para além daquela paisagem comum que eu via todos os dias.

Eu trabalhava das cinco da manhã até o meio-dia. Quando dava uma hora da tarde, nós voltávamos para a empresa para abastecer os caminhões com botijões novos e, lá para uma e meia, eu já estava livre para voltar para casa.

Nessas andanças pelo mundo, logo comecei a entrar em favelas onde eu nunca tinha pisado – Morro do Borel (Comando Vermelho), Casa Branca (Terceiro Comando). O caminhão de gás chegava, deixava alguns botijões conosco, eu amarrava os meus num ponto fixo lá no pé do morro, onde ficávamos arreados, para ninguém roubar, e ia subindo para vender – de um em um, o botijão apoiado nas costas. Depois de um tempo indo às mesmas favelas, o pessoal acabava nos conhecendo, fazíamos amizade, começávamos a ajudar – inclusive os traficantes. Tanto que, uma época, descíamos dos caminhões, descarregávamos os botijões no nosso ponto e os deixávamos ali assim mesmo, sem amarrar nem nada, porque os próprios traficantes se ofereciam para tomar conta – e tomavam mesmo.

Vender na favela era ótimo, nós sempre recebíamos gorjeta. Alguns podem estranhar, mas pobre tem mania de dar gorjeta. E também ofereciam coisa para beber, volta e meia chamavam para entrar, eram muito gentis.

Com os ricos, a história era outra. O pessoal de condomínio, então, mansão, não nos deixava nem entrar na casa. Às vezes, as empregadas só atendiam o interfone e mandavam deixar o botijão na portaria, que depois o porteiro mesmo levava. Gorjeta, então, era luxo. Até porque normalmente eram as empregada que vinham nos atender, e elas não tinham essa autonomia de ir dando comida, distribuindo gorjeta. O rico nem dava confiança, já o pessoal da favela sempre foi mais generoso.

E tinha o pessoal de classe média, da Penha, do Méier, que era legal também, mais solidário, se preocupava de alguma forma, perguntava se estávamos com sede, essas coisas.

Eu, por causa do meu jeito mais cara de pau – junto com a cara de bom moço –, era sempre o escolhido do grupo para pedir alguma coisa para beber, comer, o que fosse. Em determinadas casas, em que tínhamos alguma abertura, eu fazia todo um teatro, já tinha até um minidiscurso preparado para a ocasião:

– Moça, você podia me dar um copo d'água? Não parei nem pra beber água, tô cheio de sede – eu começava. – A gente ainda não teve tempo de parar nem pra almoçar – isso já lá para as cinco da tarde.

Nessa, nós encontramos muita gente solícita, que se sensibilizava. Alguns ofereciam pão, leite, essas coisas básicas. Dependendo da receptividade, eu perguntava se podia levar também um pouco para os meus amigos, que ficavam esperando lá embaixo. Afinal, era essa a intenção. E quando ia pedir alguma coisa, eu pedia água, sempre. Porque água – pelo menos água – ninguém vai negar.

Trabalhando com gás, um dia era sempre diferente do outro. E era exatamente isso que mais me empolgava. Cada manhã, tínhamos uma rota diferente – num dia era Jacarepaguá-Bonsucesso-Penha, no outro era Madureira-Méier-Bonsucesso, e por aí seguia. E o "passeio" sempre terminava em Bonsucesso, na Vila do Pinheiro – era como o "ponto final". Dali, eu pegava a Avenida da Brasil e partia para casa.

Tinha dia que subíamos a Mangueira, no outro a Cidade de Deus, num terceiro o Complexo do Alemão, e assim eu acabei conhecendo quase todas as favelas do Rio. Outra coisa que acompanhei, em algumas delas, foi a chegada das milícias. Na favela de Rio das Pedras, na zona Oeste da cidade, onde a atividade praticamente nasceu, podia se ver de perto como o esquema funcionava.

Até a década de 1960, Rio das Pedras era só uma região pacata de Jacarepaguá. Foi quando um grupo de imigrantes nordestinos recém-chegados ao Rio – iludidos pela promessa de que aqui teriam emprego e uma vida digna – se instalou nas margens do rio que depois deu nome àquela área, erguendo ali os primeiros barracos do que se tornaria a quarta maior favela da cidade. No vácuo do Estado, a comunidade foi crescendo e se expandindo – e inclusive assistiu, um tempo depois, à formação de uma espécie de "condomínio" de policiais, sem dinheiro para morar nos condomínios da Barra e de Jacarepaguá, que se instalaram ali mesmo.

Mas a coisa começou a degringolar mesmo quando "neguinho" apareceu fumando maconha. Os policiais não gostaram nem um pouco e decidiram reagir, temerosos de que Rio das Pedras se transformasse em outra Cidade de Deus, onde o tráfico em pouco tempo tomou conta de tudo.

Entre 2007 e 2008, foi ao ar a novela *Duas Caras*, sobre uma favela chamada Portelinha, comandada pelo personagem Juvenal Antena – quem interpretou foi o Antônio Fagundes. Portelinha é uma espécie de cópia de Rio das Pedras, com Juvenal representando a força de um grupo que atua basicamente da mesma maneira que a milícia. À frente de homens armados, Juvenal é um líder que atende as pessoas na sede da associação de moradores para dar conselhos, dinheiro e tudo o mais. E o heroísmo dele consiste justamente no que é a principal característica das milícias: não deixar que o crime organizado se instale na favela.

Em Rio das Pedras, circula uma história entre os moradores: contam que um comerciante, cansado de ter sua mercearia assaltada por bandidos, resolveu organizar um grupo de pessoas para garantir a segurança na comunidade. Era um grupo paramilitar, orientado a espancar e até matar os assaltantes. Com o tempo, esse grupo passou a atuar de maneira mais profissional, e aí constituiu a milícia que nós conhecemos hoje: grupos de homens (e até mulheres) ligados às forças de segurança do Estado – da polícia civil, militar, do corpo de bombeiros e, em alguns casos, também das forças armadas – que se apresentam como os salvadores da pátria pela dupla missão que dizem ter nas comunidades: expulsar o narcotráfico e instaurar uma ordem pública que garanta a paz social, protegendo os moradores dos furtos, roubos e agressões.

Acontece que essa tal "paz" tem um preço, e um tanto quanto caro. Além de assumir tudo o que costumava ser gerenciado pelo tráfico – menos o comércio ilícito de drogas –, a milícia cria uma prática nova: a cobrança de "mensalidades" para bancar a segurança privada. Os grandes lucros das milícias estão justamente nessas pequenas taxas de segurança, cobradas no ágio dos botijões de gás, no "gatonet"[8] e na taxação dos serviços de transporte alternativos (Kombis, vans e mototáxis).

E isso é bem curioso, mas principalmente incoerente, já que eles se esforçam – e muito – para passar a imagem de que são justos, corretos, redentores; ao contrário dos traficantes, que também acabam preen-

8 Como é chamada a exploração clandestina de TV a cabo.

chendo, do modo deles, a função de regular a vida social e garantir uma ordem interna, mas que nem por isso deixam de assumir que o que fazem é errado. Os milicianos, não. Se eles fazem o que fazem – cobram do morador pela segurança que nem sempre dão, taxam os serviços básicos da comunidade –, é apenas para garantir o domínio do "bem" (no caso, eles) sobre o "mal" (os traficantes).

Para se afirmar pelo oposto do tráfico, nós já estávamos cansados de saber, eles não toleram o uso ou a comercialização de drogas ilícitas, muito menos a permanência, ali, de quem "desobedece" as suas "regras". Incitam a violência, incentivam a crueldade, a arbitrariedade, a tortura, a morte, a coação. Embasados por um dircursinho moralista de quinta, na cara dura, eles condenam e toleram crimes muito parecidos como se isso fosse uma brincadeira – sem critério, sem respeito, sem vergonha.

E tem mais: além do poder territorial (elas se instalam fisicamente, ocupando o lugar que antes era dos traficantes), bélico (elas têm liberdade para andar armadas) e financeiro (elas fazem dinheiro – e muito – explorando os moradores), eles têm ainda poder político, já que essas áreas também funcionam como "currais eleitorais"[9], obrigando eleitores a votar em quem mandam. Em 2007, só para dar uma ideia, 73 das 92 áreas dominadas por milícias tinham pelo menos um policial, bombeiro ou militar reformado entre seus candidatos mais votados nas últimas eleições.

Quando nós subíamos nessas comunidades, que tinham sido ocupadas por milícia, era uma história mais doida que a outra, os moradores reclamando de tudo, principalmente da rigidez com a qual os milicianos impunham suas regras particulares:

– Quando o pessoal começa a vender tóxico aqui na rua, eles dão ideia. Se vacilar, é valão. Não têm pena: eles amarram, matam e acabou – um rapaz parou para contar.

– E não pode um monte de outra coisa também, tipo ouvir música

9 Termo usado pelos historiadores para se referir à região politicamente controlada pelos coronéis durante a República Velha no Brasil. Como na época o voto era aberto, os coronéis mandavam seus capangas para os locais de votação, com o objetivo de intimidar os eleitores e ganhar votos.

alto, muito menos *funk*. Se falar "não pode isso", o pessoal sabe que tem que seguir, que se fizer besteira você morre.

E reclamavam também do preço que cobravam pela "proteção":

– Antes, tinha roubos de bicicletas, rádios de carro, agora não tem mais. Parece que eram eles mesmos que roubavam, só pra nos convencer que são necessários – ouvimos outra vez.

– E tem que pagar a taxa da segurança, que eles ameaçam mesmo. Esses dias fui ver na minha caixa de correio, tinha um bilhete: segurança particular, mensalidade 30 reais.

Eu tinha uns colegas do gás que, numa hora ou outra de "descanso" do trabalho, de cima do caminhão mesmo, acendia um cigarrinho de maconha e ficava ali dentro fumando. Nas outras comunidades, lembro que tudo bem, mas ai da gente fazer isso quando estivesse passando por Rio das Pedras. Era um perigo. Para entrar lá, tinha que estar limpo. Afinal, corríamos o risco de ser pegos pela milícia, sempre tão comprometida para dar "lições" que servissem de exemplo a todos.

Uns anos antes de a milícia ocupar os morros, e isso muita gente não sabe, eles eram dominados por uma outra galera, os grupos de extermínio. O engraçado, se é que essa palavra cabe aqui, é que os moradores pareciam ter mais respeito – e digo respeito mesmo, não medo – por esses grupos do que têm hoje pelos policiais.

A velha guarda desse tempo, que chamávamos de "vigilância", tinha um jeito diferente de agir. Apesar de todos os erros, talvez fosse um jeito mais honesto. Ainda que fizessem justiça com as próprias mãos, parece que isso não acontecia de forma tão arbitrária, movida a incoerências como as que regem as milícias. Suas leis não eram tão frágeis a ponto de se aplicar a um e não a outro, ora neste, ora naquele caso. Eles não matavam por matar, nem assassinavam moleque de 20 anos só porque estava fumando um baseado.

Já com as milícias não é assim que funciona. Pelo menos foi nas mãos dela que meu sobrinho Fernando foi parar e, é claro, não voltou mais. Ele estava andando com gente errada, eu sei, mas não tinha feito nada contra ninguém, só estava lá fumando o baseado dele. Às vezes, fazia as besteiras dele, nos roubava para ir atrás da droga, mas então que fosse preso, ou internado, mas não morto, ainda mais por policiais, gente que – é o que nos diz a teoria – está do lado da lei.

O problema é que a lei deles não é justa, mas conveniente. Não importa quem é o sujeito, o que ele faz, de onde veio, se está doente, se tem família. Tanto que, dos caras que o mataram, uns dois ou três tinham estudado comigo, me conheciam desde pequeno – e sabiam que o Fernando era meu sobrinho. Sabiam que, embora estivesse fazendo besteira, no fundo era gente boa.

Ainda que não fosse, não merecia morrer. Muito menos do jeito que foi, à luz do dia, com dois tiros.

Para eles, sempre foi mais fácil resolver o problema assim. Do jeito que dava. Nem que para isso precisassem cometer outro crime pior. Se não fosse um bom exemplo, tinha que morrer. Ou a maçã podre contaminaria as outras da cesta.

Essa era – e ainda é – a justiça da milícia. Os mesmos caras que roubam carro, carga, vendem "segurança" e "paz" condenam um moleque que veem fumando um baseado. E o aniquilam do jeito que podem em nome dos seus "preceitos".

Para a família, fica a dor e a revolta, que só nos resta engolir em seco. Para o resto da comunidade, o recado é sempre um só: deixar claro quem é que manda.

13. A primeira virada

Depois que perdi meus amigos para o tráfico, para as milícias e para a violência que parecia nos cercar por todos os lados, voltei a sentir o mundo pesar sobre as minhas costas. Comecei a repensar a vida, tudo o que já tinha feito e deixado de fazer. Eu me sentia mal. Acho até que comecei a ter depressão – de uma hora para outra, nada mais tinha graça, nada mais tinha sentido.

No fim das contas, a lição estava mais do que aprendida – nesse mundo do crime, só há duas opções: ou você vai preso, ou você morre. E eu já tinha decidido que para mim não servia nenhuma delas.

Minha cabeça estava a mil, tudo vinha como uma avalanche de emoções, e comecei a querer fechar alguns pontos abertos da minha história. Queria resolvê-los de alguma forma. Se a vida parecia – e era – mesmo tão frágil, não dava para ficar perdendo tempo com desentendimentos sem sentido. Eu queria entender, eu precisava.

– Você sabe por que meu pai não gosta de mim? – comecei a insistir com o Nilson, meu irmão mais velho.

Já tinha feito a pergunta algumas vezes a ele, e principalmente a mim mesmo, mas agora aquela dúvida – que já tinha virado dor – meio que furava o meu peito, e eu *necessitava* de uma resposta. Mais do que isso, o que eu mais desejava era dar um basta naquelas agressões sem sentido. Uma ideia de revide passou pela minha cabeça, eu hesitei, mas talvez não tivesse mesmo outro jeito.

Eu já estava com 17 anos, não era mais aquele menino fracote, magrela, que mal sabia se defender das brigas na escola. A vida tinha tratado de me ensinar umas boas lições, e eu já estava calejado, anestesiado para determinadas dores. Depois de tanta espera, tinha enfim chegado a hora de encarar o meu pai – sendo seu filho ou não – como o adulto que eu era.

Por isso, jurei a mim mesmo: se ele ameaçasse me bater de novo, mais uma única vez que fosse, seria a última. Aquela cena velha – eu fugindo, me encolhendo num canto, "respeitando" a agressão como se a merecesse – tinha ficado para trás, e se dependesse de mim nunca mais se repetiria.

Na nova cena, nossa briga seria de igual para igual – eu devolveria, na mesma moeda, com a mesma raiva, mas agora com outra força, todo o sofrimento que ele havia me causado, 17 anos sem pai, sem amor, só ódio e violência. Era estranho, eu sei, mas eu planejava com gosto a minha vingança, no que poderia fazer para machucá-lo da mesma forma como me machucou.

ERA UMA SEXTA DE NOITE, e eu estava me arrumando para sair. Ouvi um barulho na porta: era o meu pai chegando em casa, bêbado, para variar. Eram quase sete horas e eu continuei me vestindo, porque o baile daquela noite começaria às oito. Ignorei a arruaça que começou a fazer na sala. Não queria me atrasar, nem ter problemas com ninguém.

Acontece que ele queria e, cavando como estava, uma hora ia encontrar. Senti um aperto no peito. Era o velho filme querendo se repetir.

Meu pai entrou no meu quarto batendo a porta e veio, do nada, na minha direção. "Dessa noite não passa", pensei. Mal tive tempo de me virar, ele já estava em cima de mim, seu braço pesado na altura do meu peito. Senti meu pescoço arder, ele tinha me arranhado feio. Toquei a camisa e vi que estava rasgada perto da gola. E também um pouco suja de sangue.

De repente, vi passar um filme na minha cabeça, um emaranhado de lembranças: meu pai no cais do porto, o desemprego, a bebida, o Rogério cuidando de mim, as brigas com ele quando eu ainda era moleque, minha mãe chorando enquanto tentava me proteger, eu ansioso para ver o nome dele no meu registro de nascimento, que só foi aparecer anos depois.

Um pouco desorientado, comecei a juntar forças para encerrar de vez aquela história. Eu estava pronto para revidar – revidar a violência, revidar o ódio, a falta de explicação, ele tinha acabado mais uma vez com a minha noite, eu estava determinado a também acabar com a dele – quando, de um jeito estranho, sem motivo nenhum, o peito inflamado, a boca seca, senti uma coisa forte dentro de mim, que dizia para eu parar, para eu pensar, desistir da briga, desistir do ódio, da vingança, dos murros que vinha ensaiando, da certeza de que ele merecia sofrer. Por alguns instantes, que podem ter sido um minuto ou um segundo, não sei dizer, eu parei e vi nos olhos dele o reverso daquilo tudo. Lá no fim do túnel, eu enxerguei algo que se parecia, talvez, com um pedido. Um pedido de socorro. E no lugar da violência contida, brotaram umas palavras espremidas, sufocadas pela angústia, minha vontade maior que o mundo de ter um pai no lugar de um inimigo:

– Por que, pai? Por quê?

Estava engasgado, mas eu precisava colocar para fora, perguntar, gritar, saber:

– Me diz, por que tudo isso, pai? O que foi que eu te fiz pra merecer todo esse ódio? Diz!

E olhava fundo nos olhos dele. Ele imóvel, eu firme, segurando nas mãos o meu desespero, o soco que eu tinha engolido para dar lugar àquela última tentativa.

– Eu respeito tanto o senhor, amo tanto o senhor, e só recebo pancada... nem um abraço, nem um gesto de carinho. O senhor realmente acredita que eu não sou seu filho? Logo eu que, de todos, sou o mais parecido com o senhor!

Àquela altura, eu só queria que as coisas, se tivessem que explodir, explodissem de uma vez por todas. Tem horas que não dá mais pra aguentar guardar, aceitar, fingir que está tudo bem, virar uma página que sequer foi escrita.

Num minuto, pareceu que o álcool tinha secado de dentro do meu pai. Havia lucidez no seu olhar, havia sentimento, qualquer coisa parecida com afeto, talvez. Ele ficou me olhando, e uma lágrima tímida começou a descer. Meu pai – que agora parecia meu pai – chegou mais perto, pegou na minha mão e a segurou com carinho. Levou-a até perto do rosto e a beijou – era uma mania que ele tinha, de beijar a mão dos outros, das pessoas que ele gostava, e que nunca tinha feito comigo.

E a primeira lágrima, contida, deu lugar à segunda, e à terceira, e às outras que já não tinham mais tanta vergonha de cair e lavar toda a nossa dor para sempre.

Diante daquela cena, meu pai beijando a minha mão, chorando, confesso que fiquei meio sem ação. Ele parecia outra pessoa, tão diferente daquela que há pouco tempo eu queria ver longe de mim. Era um momento mágico. Eu tinha que reagir, falar alguma coisa, fazer alguma coisa.

Então me aproximei do rosto dele, senti seu cheiro. Em silêncio, porque as palavras já não faziam muito sentido, eu o abracei em um abraço apertado, como nunca tinha feito antes. Abracei, e abracei forte, porque li nos olhos dele que o remédio para aquela falta de amor era mais simples e óbvia do que eu jamais compreenderia se alguém dissesse. E comecei a chorar também.

Ele me abraçou de volta. Era como se fosse outro pai; eu, outro filho; e aquela, outra história, completamente diferente da que vivíamos cinco minutos antes. E daquele jeito mesmo, nós dois enlaçados, me pediu desculpas. Disse que tinha cometido erros, muitos. Prometeu que nunca mais levantaria a mão para mim de novo, e pediu que eu o perdoasse, que eu o entendesse.

Foi nesse mesmo dia, depois de anos de mistério, sofrimento e especulações, que finalmente conheci o resto, ou o início da história toda. E entendi que a vida, salvo raras exceções, tende a nos modelar a partir do nosso passado. Como se fôssemos retrato de ontem, em várias fotos sobrepostas.

No fundo, nossos medos, dores e raivas de hoje apenas refletem, e explicam no silêncio, o que tivemos ou nos faltou. Pelo menos foi isso o que aconteceu com meu pai, o já não tão forte José Carlos dos Santos.

Para começar, ele nunca conheceu os pais de verdade. Por isso gostava tanto do meu avô, pai da minha mãe, a quem passou a admirar como um pai. Pela falta de um exemplo, se apegou ao primeiro que viu, ao primeiro que lhe amparou de verdade. Sorte dele que foi o velho Agostinho.

A história dos pais dele é confusa. A mãe bebia muito, estava sempre na rua, e o marido não gostava. Brigavam todo dia, ele bebia também, e descontava toda a raiva no filho menor – que era o meu pai. Quando ela morreu, acho que de tanto beber, as coisas ficaram ainda pior, meu pai devia ter uns três anos. O pai passou a bater nele de chicote, no canavial que havia perto da casa, no meio da noite, cheio de bicho. As irmãs mais velhas tinham que esperar dar meia-noite, quando meu avô já estava dormindo, para ir buscá-lo no meio do mato, onde ficava escondido, chorando sozinho.

Vendo aquele sofrimento todo, as irmãs resolveram que o melhor a fazer era entregar o pequeno José, que devia ter uns cinco, seis anos, a alguém que pudesse criá-lo, que tivesse melhores condições, ou pelo menos amor para dar.

A história que contam é que meu pai foi "dado na feira", como se dá bicho. Morou com várias famílias. Durante alguns anos, rodou de casa em casa, sem um lar, e nós nunca soubemos direito o que lhe aconteceu nessas andanças. Passou a infância toda à espera de alguém que pudesse acolhê-lo. Quando tinha uns nove anos, Dona Menininha, que já conheci como minha avó, apareceu na vida dele, disposta a criá-lo. Trabalhava como enfermeira e era uma pessoa boa. Ele morou com ela até seus 17 anos, quando conheceu minha mãe.

Com tanta confusão – sem uma família de verdade, sem nenhuma referência de afeto, uma mãe que preferia beber a cuidar dele, um pai que o batia e o deixava chorando sozinho –, era compreensível que tivesse dificuldade de demonstrar seus sentimentos – e também de senti-los, às vezes.

Apesar disso tudo, o acolhimento do meu avô materno e a convivência com a nova família que Deus tinha lhe dado o ajudaram a superar algumas lacunas – mas não todas. Ele logo aprendeu a ler e a escrever, ensinado pela tia Maria, irmã mais velha da minha mãe, e também a fazer contas. Por causa disso, por mais de 20 anos trabalhou como fiscal do cais do porto. Tinha que calcular rapidamente o número de sacas que chegavam, uma atrás da outra, ao armazém do cais. Enquanto os colegas contavam uma por uma, ele encontrou um jeito mais prático: contava a fileira de cima, a de baixo e as multiplicava, fazendo valer as aulas de matemática da tia Maria. A verdade é que sempre foi um cara inteligente, um líder, gostava de ler, de criar – não à toa, compôs, ele mesmo, várias letras de samba na época áurea.

O lado afetivo, em compensação, continuava sendo um problema – do qual eu era o principal alvo. Minhas tias diziam que ele implicava comigo por insegurança, já que quando minha mãe engravidou de mim, justamente na época, o casamento deles estava em crise. Acontece que, mesmo "separados", os dois sempre viveram juntos – e até se tratavam bem. Mas para ele talvez fosse mais fácil – talvez não soubesse agir de outra forma – continuar acusando minha mãe, talvez para justificar alguma atitude sua, ao mesmo tempo em que me privava do meu direito de ter um pai.

O fato é que eu nasci nesse momento ruim da vida deles – minha mãe até cogitou me tirar algumas vezes, minha avó é que não deixou – e acabei sendo escolhido para arcar com os mal-entendidos da vida.

Aí começou o que já contei: ele me batendo e bebendo, e a novela sem fim. Ou melhor, a novela estava chegando ao fim. Parecia estar – e estava.

Daquele dia em diante, como se meu pai estivesse mesmo precisando de uma chacoalhada para entender que aquela insegurança não fazia sentido e, mesmo que fizesse, não traria mais paz à nossa relação, as coisas começaram a mudar. Foi uma coisa meio que divina, não consigo achar outra explicação. No dia seguinte, quando acordou, ele já estava me tratando bem, me chamando para sair, depois me apresentando aos amigos, cozinhando para nós nos fins de semana.

E eu, que sempre sonhei ter um pai de verdade, simplesmente apaguei da minha cabeça a parte ruim daquela história, sem mágoa, sem cobrança, deixando um espaço aberto para as novas páginas que poderiam – e deveriam – ser escritas.

Demorou 17 anos, é verdade, mas o importante é que a nossa reconciliação aconteceu, e aos poucos ele começou a me enxergar com outros olhos, a me ver como um homem. Um homem que tinha sua própria cabeça para pensar e seu próprio coração para sentir. Da parte dele, era como se tivesse tirado um peso dos próprios ombros e agora pudesse viver mais leve, mais verdadeiro com o que sentia de fato.

Nunca entendi, e às vezes acho que nunca vou entender, o que realmente se passava dentro dele. Se aquele sentimento confuso era na verdade medo de rever o próprio passado, a perda se misturando à dor do abandono, o abandono se misturando à incapacidade de dar o que não recebeu. Às vezes, fico pensando também que, claro, nós escrevemos a nossa história, mas parece que algumas coisas já estão traçadas desde o início.

Quando me lembro das circunstâncias do meu nascimento – minha mãe hesitante, depois as neuroses do meu pai – e da minha trajetória até aqui – minhas perdas, minhas dores, as aventuras que quase interromperam meu caminho mais cedo do que devia, o último segundo sempre me salvando –, sinto que eu precisava, sim, passar por onde passei para chegar aonde cheguei, percorrendo exatamente o mesmo caminho.

Falar sobre meu pai e me lembrar dos sofrimentos que me causou costuma me deixar triste, é inevitável. Mas esse capítulo também faz parte da minha história, e sem ele muita coisa não faria sentido. Até porque superar foi algo que aprendi desde o primeiro dia em que pus os pés nesse mundo.

Hoje, eu tenho a capacidade de ver além do que os olhos podem alcançar. Não tenho mais mágoa dele, só saudade. Meu pai foi o melhor pai do mundo, as limitações é que eram muitas. Mas vai ver tinha que ser desse jeito, que se ele tivesse me protegido, me mimado, eu não teria me tornado tão homem, tão forte, capaz de superar tanta coisa. Tudo o que me ensinou foi a ser sempre forte, crescer, superar. Ele faleceu faz alguns anos, mas o tempo em que vivemos como pai e filho foram os melhores da minha vida.

Só posso agradecer a Deus por ter me dado a chance de conhecer e amar aquele homem que, se um dia me rejeitou, foi para se defender de si mesmo. Do seu próprio abandono. Da sua própria dor.

Parte III

14. Os astros da minha vida

– VOCÊ É UM LÍDER, Tião, e deve investir na vida profissional.

Eu fiz que sim com a cabeça, como se estivesse completamente interessado no que ouvia.

– Essas casas de personalidade na "água" indicam que você é uma pessoa sensível, que se autoafirma com delicadeza...

Quem riscava aqui e ali a "tradução" daqueles números e letras que se embolavam no papel era Vera Romana, astróloga amiga da Valéria, que a essa altura já acompanhava mais de perto a minha vida.

Era o ano de 2004, e eu vivia uma crise de identidade, pessoal e profissional. Trabalhava, trabalhava, mas parecia que tudo estava emperrado, que uma grande pedra me impedia de andar. Eu estava sem força para seguir adiante, fraco para continuar acreditando que alguma coisa ainda tinha chance de dar certo.

Vendo a minha aflição, a Valéria decidiu que deveria me ajudar de algum modo. Como era esotérica, "espiritualizada e espiritualista" – como gostava de dizer –, ela tinha lá seus motivos para crer que, se de repente estávamos sofrendo, mas sem achar uma explicação plausível para nossas questões aqui neste mundo, fatalmente as descobriríamos em outro lugar – e esse lugar era logo ali em cima, entre os astros. Segundo ela, seriam justamente eles que me dariam as respostas que eu vinha procurando.

Eu não acreditava em nada que viesse dos tais astros, mas estava tão para baixo que não tive força nem para dizer "não". E como não me opus, a Valéria se apressou em passar à astróloga a data do meu nascimento – dado mágico que prometia dar algum sentido àquela confusão toda e, sendo bastante otimista, devolver a minha fé em mim mesmo.

Em menos de um mês, ela entrou em contato de novo: meu mapa astral estava pronto. O que talvez quisesse dizer, na linguagem dos astrólogos, que os mistérios do meu destino haviam sido finalmente revelados, ainda que para mim continuassem ocultos pelo significado de símbolos que eu nunca tinha visto na vida.

Marcamos um encontro no prédio onde a Valéria trabalhava na época, no centro do Rio, perto do aeroporto Santos Dumont, mas nada podia ser tão fácil:

– Infelizmente, o senhor não vai poder entrar, não pode subir de bermuda – disse o segurança assim que pus os pés no *hall* de entrada.

Eu, que não estava acostumado a esse tipo de formalidade, tinha vestido a roupa de sempre para o tal encontro – que, para mim, nada tinha de especial. Mas não devia ser esse o "pensamento" dos astros, provavelmente "incomodados" com a minha indiferença – talvez o segurança ali me barrando fosse obra deles, vai saber. E, mais uma vez, as pedras do meu caminho só faziam endurecer, com ou sem a ajuda da astrologia.

Liguei a cobrar para a Valéria e expliquei o imprevisto:

– Não, Tião, não precisa voltar, não – ela falou, já pensando numa solução. – Espera aí que eu vou falar com a Vera.

Rapidamente, mudamos o endereço do encontro que falaria do meu destino para um lugar sem dúvida muito mais adequado: um dos quiosques de madeira espalhados pela orla que ficava mais ou menos perto do prédio, no Aterro do Flamengo.

A Vera logo apareceu – ela trabalhava no mesmo prédio que a Valéria. Pedi desculpas pela mudança de planos, e fomos andando juntos até o quiosque. Enquanto ela falava do tempo ou de qualquer outro assunto corriqueiro, eu só pensava em ir para casa, em esquecer de vez aquela bobagem toda. A menos que tivesse a ver com a minha fé, eu costumava ser um cara cético. Só acreditava no que me parecesse minimamente lógico – e aquela história dos astros, de lógica não tinha nada.

Mas eu não podia me esquecer da Valéria e de toda a força que ela tinha me dado até ali. De certa forma, eu estava fazendo aquilo por ela, para agradecer o apoio e retribuir a amizade.

Pedimos um suco, e a Vera já foi colocando meu mapa sobre a mesa, ao lado de duas folhas de caderno que tirou de dentro da bolsa, o vento amassando os papéis, querendo roubar as páginas com o meu destino.

– O mapa astral, Tião, não tem nada a ver com essa coisa de horóscopo de jornal que se lê por aí – começou a explicar, como se pudesse me ouvir questionando a validade daquilo tudo. – Ele é como uma fotografia do céu no momento exato em que você nasceu, e funciona na verdade como um roteiro: não quer dizer que as coisas ruins, ou mesmo as boas, vão necessariamente acontecer.

– Como assim? – achei educado me mostrar pelo menos um pouquinho interessado.

– O que ele faz é chamar a atenção para as situações que podem ser evitadas, e também para as oportunidades, mas o resto depende de você, de você saber criar as condições, ou não.

Aquilo até podia fazer algum sentido, mas eu continuava achando estranho demais que meras figuras celestes pudessem dizer tanto sobre a vida de alguém.

– Você foi criado para ser o pilar da sua família, e em breve vai ter que assumir esse papel – ela disse, enquanto rabiscava alguma coisa ao redor de um círculo grande, dividido em 12 partes iguais, enfeitado de números e letras gregas.

E começou a fazer várias relações com o zodíaco, enquanto puxava setinhas para explicar "casas" e elementos: que capricórnio (meu signo) tem a ver com trabalho, responsabilidade; peixes (meu ascendente) está ligado ao idealismo, ao desejo de ter uma vida melhor; libra (minha lua) é o signo dos relacionamentos, das parcerias; que tal casa no "fogo" é sinal de persistência, carisma; e assim por diante.

À medida que ia tecendo "astrologicamente" a minha história, Vera Romana ia me conquistando. Por dentro, eu ainda continuava cético, mas já começava e me interessar por aqueles desenhos místicos que ela associava aos fatos com tanta facilidade.

– E por que tem um monte de casa aí igual à Vênus? – arrisquei, me referindo à deusa da mitologia grega.

– Quer dizer que você vive cercado de mulheres, desde pequeno, que a figura feminina é muito presente na sua vida – disse. – Você tem muitas irmãs, não tem?

Pela primeira vez, eu balancei. Afinal, sim, aquilo era um fato, um fato que me marcava desde o meu nascimento – e isso pouquíssima gente sabia. Minha memória se encarregou da viagem no tempo, e de repente eu me vi de novo nos braços da avó Adalgisa, ela me trazendo ao mundo e traçando, lá do jeito dela, um destino todo especial para mim. Depois, enxerguei minhas irmãs brigando na rua para me defender, as travessuras com a Claudeci, as peripécias com a Glória, a ligação com a minha mãe, o elo com a tia Márcia – e com a própria Valéria.

Aquela revelação de repente me fez repensar meus "pré-conceitos" contra os astros. Talvez não fosse mero misticismo. E se o mistério por trás da tal astrologia fosse parecido com o que pairava sobre as curas da minha avó?

Em todo caso, o que estava em jogo ali não era um fato aleatório ligado ao meu passado, mas a linha do meu futuro, e para onde ela apontava. Foi quando a tal da linha ameaçou entortar de novo:

– Em breve, você vai ter uma grande oportunidade de viajar, e para fora do país – continuou ela, decidida. – E essa viagem vai ser a primeira de muitas.

À primeira vista, podia até parecer uma notícia maravilhosa, mas não fazia sentido para mim, não encaixava, e cheguei a pensar que a Vera estivesse brincando comigo. "Nunca estive nem no Paraguai – nem mesmo em Recife, onde mora minha família –, e agora vou viajar pra fora?", desandei a questionar – em pensamento, ainda bem.

As coisas começavam a se encaixar – ou se desencaixar – na minha cabeça. Era possível que a Valéria, preocupada que estava com meu estado, tivesse provocado toda aquela situação, ainda que com a melhor das intenções. Afinal, o que ela mais queria era que eu retomasse a fé nos meus projetos, recuperasse o ânimo no trabalho – já que o descrédito estava afetando todas as áreas da minha vida. Quem sabe, mais otimista – ela devia pensar –, eu conseguiria mudar os rumos da minha sorte.

Num estalo, revi todos os meus passos até ali. Primeiro, a infância – e a descoberta do aterro, o deslumbramento e a magia ao lado dos urubus e brinquedos jogados no lixo. Depois, a adolescência – e também os preconceitos, as cortinas da inocência caindo pouco a pouco para revelar o mundo real, que deixa o menino para trás e dá boas-vindas ao homem que ele se tornou, ou não. E em seguida, as quedas; mas também as reconciliações – com meu pai, com o mundo, comigo mesmo. Para chegar, então, ao trabalho duro dos últimos anos, quando eu vinha me esforçando tanto para virar aquele jogo.

Só que não, a vida real não era tão cheia de boas novas, de astros, nem de viagens pelo mundo. Eu tinha tentado, mas meu destino devia ser aquele mesmo, e talvez eu devesse também me acostumar, deixar aquele sonho para outra vida – se é que existe outra. E foi ainda preso nessas lamentações que ouvi a Vera fazer uma última observação:

– Em 2008, daqui a quatro anos, será o ano de Saturno, que é o ano da colheita, da justiça; essa sua angústia, você vai ver, vai dar lugar a uma temporada de grandes conquistas.

Era difícil, mas eu podia acreditar. Ou, simplesmente, continuar lutando.

15. Aqui mora um líder

No final dos anos 1990, a crise de desemprego apertou em Caxias. Nem o gás, que por quase dois anos me fez rei, agora fazia mais tanto sucesso – inclusive passava por um período de baixa. A minha situação, que já era tensa trabalhando apenas meio expediente, começava a piorar de vez. E não fazer nada definitivamente estava fora dos meus planos. Eu tinha acabado de completar 18 anos quando me veio o clique: "talvez seja a hora de voltar pro aterro".

A Valéria me atendeu numa manhã na pequena salinha que ela tinha improvisado, de modo bem rústico, entre os materiais que o pessoal coletava. Dois anos haviam se passado, mas a Valéria continuava a mesma. Correndo de um lado para o outro, atendendo todo mundo que a procurava, tentando apaziguar os ânimos dos mais estressadinhos, indo lá no aterro brigar com os guardas, fazendo papel de chefe, de professora, e até de mãe.

– Mas voltar pra rampa, Tião? Com tudo o que acontecia lá, com tudo o que te chateava, mesmo assim você quer voltar?

O pior é que eu queria. Tinha saudade do trabalho no aterro, e aquele negócio de ficar na cooperativa, tendo que trabalhar num regime de patrão-funcionário, não me atraiu nem um pouco, ainda mais depois de saber que o novo trabalho não valia a pena financeiramente, que lá o pessoal acabava ganhando bem menos que na rampa.

Mas não era o que a Valéria achava, e logo tratou de me convencer:

– Pensa bem, Tião. Na cooperativa, você vai poder voltar a estudar. Trabalha de manhã e estuda à tarde. É uma oportunidade de conseguir seu futuro.

Os argumentos da Valéria eram bons. Além do "blá-blá-blá" do estudo, ela me provou por a + b que estar na cooperativa poderia até não me render o dinheiro que eu imaginava em um curto prazo, mas que as oportunidades que ela me traria – e que eu jamais teria trabalhando na rampa – fariam aquele meu pequeno sacrifício valer a pena. Que fora da rampa tinha um novo mundo, tinha independência, tinha respeito. Lembrei da época do gás, do mundo que havia do outro lado e da minha fascinação por ele:

– E o que é que tem que fazer pra entrar nessa tal cooperativa?

Em menos de uma semana, eu já estava de volta, trabalhando ao lado da minha mãe e de todo o pessoal das antigas. A cooperativa ficava na entrada do aterro, em frente à sede da Comlurb. A localização estratégica era para controlar a circulação dos cooperados, evitando que se desviassem da rota, tentados a "visitar" de novo a rampa – o que, na prática, acabava sendo impossível, e volta e meia víamos alguém se aventurar lixão adentro, ainda que ameaçado pela clandestinidade.

Eu trabalhava de segunda a sexta-feira, das seis da manhã às duas da tarde. Comecei como barriqueiro – o cara que transporta os materiais já separados da tal esteira rolante para uma segunda etapa, a da prensa hidráulica, que primeiro os separa por qualidade, densidade e cor e, em seguida, os compacta para a reciclagem.

Depois, passei para a esteira, onde o material trazido por uns caminhões especiais caía, os sacos já semirrasgados por um gancho. Eram vários catadores alinhados – os do lado direito separavam papel, papelão e papel filme, e os do lado esquerdo, vidro, metal, plástico e alumínio. Todo o "lixo" que chegava à cooperativa era considerado "nobre", vindo geralmente de grandes redes, principalmente de shoppings, supermercados e "podrões" [10], que no fim das contas acabavam "produzindo" mais material que lixo.

Da esteira, aprendi a operar a prensa hidráulica, cujas máquinas ficavam num galpão próprio, e de onde os materiais seguiam direto para a indústria. E por último, a pilotar guindaste, que usávamos para transportar o que não era aproveitado pela esteira até uns funis que despejariam esse rejeito no aterro. Todo esse "rodízio" foi muito rápido, não deve ter durado seis meses.

Quando soube que eu estava operando guindaste, meu pai logo se empolgou. Aquilo para ele não significava só que eu estava crescendo, ficando responsável, mas que agora eu tinha uma chance única nas mãos – a de dar continuidade ao legado da família. Como? Trabalhando como operador de guindaste no cais do porto – o guindaste usado para transportar os contêineres era do mesmo modelo do que eu operava na cooperativa. O mesmo que, ironicamente, o tinha expulsado do trabalho no cais, e que agora lhe dava a oportunidade de voltar, por intermédio de mim, para reviver a história dele, a saga do meu avô, resgatando as boas lembranças que fora obrigado a aposentar a pedido da vida.

Mal tínhamos vencido a barreira das diferenças, meu pai e eu já nos preparávamos para encarar outro desafio: o de correr contra o tempo para resgatar os 17 anos em que vivemos como estranhos. De uma hora para a outra, tínhamos que nos acostumar que éramos pai e filho, e com todas as consequências dessa relação. De repente, o velho me dava conselhos, me perguntava o que eu sentia, participava da minha vida, e isso era maravilhoso, novo, e também um pouco confuso. É claro que eu tinha o desejo de levar adiante o sonho do meu pai, de não deixar morrer a história de luta do meu avô Agostinho, mas sentia dentro de

10 Como eram conhecidos os caminhões de grandes empresas de alimentos que os despejavam em grandes quantidades no aterro quando a validade dos produtos estava prestes a vencer.

mim que o caminho do cais não era para mim. Que o meu caminho de verdade pertencia ao mundo dos catadores, que aos poucos, e cada vez mais, se tornava meu também.

Assim que tomei essa consciência, comecei a correr atrás do tempo perdido, buscando as tais oportunidades que a cooperativa me daria. E vi que a Valéria não mentiu quando disse que do lado de lá da rampa havia a possibilidade de aprender, de crescer, conhecer outros mundos, ter mais independência. Logo descobri uma série de cursos de capacitação e qualificação profissional na área do cooperativismo. Eles eram uma espécie de contrapartida da Organização das Cooperativas do Brasil (OCB), que funcionava como um sindicato das cooperativas – elas contribuíam, de um lado, e a OCB oferecia os cursos, de outro. Não pensei duas vezes, e me inscrevi em todos eles. Se minha vida agora era ali, e meu trabalho, aquele, só havia um caminho, e eu não desperdiçaria nenhuma chance.

Enquanto de manhã operava a prensa hidráulica, ou transportava os materiais da esteira para as bombonas, de tarde eu aprendia tudo o que tinha a ver com aquela realidade que aos poucos se tornava minha segunda casa: como funciona uma cooperativa, quais são seus estatutos, os bastidores da administração, idealismo e liderança, o que é a assembleia geral, como se convoca uma, e uma lista de tópicos do tipo.

Mas nem tudo seguia em harmonia. Ao mesmo tempo em que eu dava meus primeiros passos para a independência, a cooperativa – a mesma que me ajudava a seguir adiante – não caminhava tão bem. E pelas razões de sempre: a lógica cooperativista exigia que fizéssemos uma travessia cultural, e nem todos tínhamos condições de completá-la, fosse por preconceito, comodismo ou mesmo por alguma dificuldade real.

E agora, além desse velho problema, um novo fator começava a pesar: a diretoria que havia sido montada no início, composta por dez integrantes – sendo que um deles era minha mãe – e na qual todos tinham o mesmo peso enquanto líderes, estava atrasando a tomada das decisões, mesmo as mais simples. O que tinha sido pensado para integrar todo mundo sem deixar ninguém de fora e assim não prejudicar o projeto tinha se tornado, no fim das contas, seu principal entrave.

O primeiro problema só se resolveria com o tempo e com a convivência gradual entre os dois mundos. Já o segundo poderia ser resolvido com uma medida mais ou menos simples: enxugando a administração, e assim reduzindo a quantidade de gente na hora de discutir as principais questões da Coopergramacho.

A nova estrutura teria apenas quatro líderes, cada um assumindo um cargo específico: um presidente, um vice-presidente, um secretário e um conselheiro fiscal.

Era uma manhã de trabalho comum quando a Valéria veio fazer o comunicado. Depois das discussões de praxe, todos acabaram topando – a verdade é que não tínhamos muita escolha se ainda quiséssemos ver o projeto caminhar para a frente.

Foi quando alguém sugeriu:

– Por que você não concorre para a presidência do Conselho Fiscal?

A sugestão era para mim, o mais novo do grupo, 19 anos recém-completos. A essa altura, eu já tinha caído nas graças da "galera". Os mais velhos comentavam sobre a minha dedicação, ficavam bobos com a minha vontade de aprender. Sem falar que muitos deles, como a tia Zezé, a Mércia, me conheciam desde criança, e praticamente me adotaram ali dentro.

As pessoas diziam que eu tinha um carisma todo especial, que poderia ajudá-los a entender que, apesar das pequenas diferenças do dia a dia, o que não faltava à cooperativa era o interesse comum de melhorar as condições de todos. Aquela candidatura, mais do que fazer bem aos meus companheiros, tinha um quê de incentivo para mim, de aposta na minha capacidade, e por isso decidi topar.

Os meses e os debates andaram depressa, e quando me dei conta já estava eleito, ainda sem acreditar que num espaço de tempo tão curto tinha ido parar tão longe. Na nova função, eu devia fiscalizar o Conselho Administrativo, cuidando de dar alguns toques quando as coisas não andassem bem. Embora meu papel fosse essencialmente esse, foi nessa fase que passei a acompanhar de perto também as discussões dos catadores, comecei a me expor mais, a ter que mediar pequenos e maiores problemas. Pela primeira vez, eu me vi obrigado a me posicionar, a mergulhar a fundo nas questões mais sérias da nossa luta.

Quase na mesma época, minha mãe e minhas irmãs saíram da cooperativa, quando acabou o mandato da diretoria delas. Independentemente disso, eu quis continuar. De repente, havia um elo ainda maior do que a minha família me ligando àquela causa, que eu já considerava minha. Eu já não trabalhava só para o meu sustento, ou porque tinha que completar a renda de casa, mas porque me orgulhava de verdade, e porque tinha decidido entrar de vez naquela luta.

Em 2001, após as novas eleições, eu não faria mais parte do Conselho Fiscal:

– Tião, esse ano queremos você na vice-presidência.

Foi uma surpresa para mim, eu que nem de longe me considerava um líder, nem mesmo o mais indicado para aquela posição. Pode parecer estranho para alguns, mas a verdade é que eu nunca me senti um líder, embora os outros tantas vezes tenham me tratado como se fosse. O que sentia era que eu tinha um papel ali, um papel importante, que me fazia feliz desempenhar, e só. Como as pessoas em geral tinham muita dificuldade de se expressar, eu acabei tomando para mim a missão de defendê-las.

E, por isso, me tornei então o vice-presidente da Coopergramacho. De novo, sem que a ficha caísse a tempo, me vi encarando outro grande desafio.

A verdade é que, como vice-presidente, embora não estivesse teoricamente à frente de nada, eu acabava me intrometendo em tudo. Sem falar que o presidente mesmo, nosso amigo Paulo Gestera, estava sempre mais focado no funcionamento da cooperativa do que na luta dos catadores. Com isso, era natural que eu assumisse os pontos mais sociais da representação, brigando, falando alto, reivindicando os direitos. Até porque, para mim, a cooperativa tinha um papel social imenso, que ia muito além de reciclar e transferir os catadores daqui para ali.

Quando percebia que não era a praia dele, o Paulo me pedia para representá-lo nas reuniões, e eu aproveitava a oportunidade para liderar com vontade a luta pelos nossos interesses. Se ele desse carta branca, então, lá ia eu subir no palanque, discursar, defender. E eu nunca tive vergonha de falar para a nossa pequena multidão de catadores – para mim, era como se estivesse falando com amigos.

A Valéria, vendo meu esforço e os bons frutos que ele começava a render, me levava com ela para todo tipo de evento que tinha a luta dos catadores como pauta. Tudo o que descobria, e achava que poderia somar para mim – fosse cursinho de informática, evento da Ricamare, a Rede Independente de Catadores do Rio –, ela dava um jeito de me fazer participar, corria atrás de empresa para bancar a viagem, o aluguel do ônibus, a alimentação, batalhava de verdade, como se a causa fosse dela. E de algum modo até era, já que desde que nos conhecemos, ainda como partes de dois mundos que não se tocavam, ela de alguma forma me adotou como um filho. Sem saber que, para mim, há muito tempo já estava "eleita" como minha maior conselheira, quase uma segunda mãe.

À medida que eu caminhava, meu pequeno mundo ia ficando para trás. De repente, eu via uma velha história se repetindo, como num ciclo que reinventa destinos: a semente da minha família plantada pelo meu avô, semeada pela minha avó e trazida de Recife pelos meus pais, brotava agora também em mim e inspirava cada uma das minhas ações. De uma hora para outra, em menos de dois anos, eu tinha deixado de ser o menino que não sabia direito qual caminho seguir para me tornar o homem que sabia exatamente aonde queria chegar.

Era apenas o começo de uma longa e misteriosa estrada, dessas que ninguém conhece o futuro. Mas eu já podia sentir, dentro de mim, que o caminho era um só: acreditar mais em mim mesmo e continuar seguindo em frente.

16. Paixão desde menino

Eu sempre fui meio mulherengo, especialmente na época rebelde da adolescência. Quando tentei voltar a estudar, no Aquino de Araújo, minha maior (senão única) motivação para encarar o colégio todas as manhãs eram meus namoros – que duravam, mero detalhe, no máximo seis meses. As lições do Rogério tinham sido muito bem aprendidas, obrigado, e eu seguia à risca cada uma delas.

Até que um dia, entre um baile *funk* e outro, entre uma namoradinha e outra, tudo mudou. Como que para contrariar minhas convicções, eu conheci a menina mais bonita que já tinha visto. E me apaixonei.

Eu tinha 19 anos, e ela 15. Tinha os olhos azuis, a pele clara, o cabelo louro. Era a segunda vez que a via, na verdade. A primeira, quando eu tinha 10 anos e ela 6, foi tão ou mais surpreendente para mim: uma menina loura, pequena, e outras três crianças de mãos dadas com uma moça mais velha, devia ser a mãe deles, passaram bem em frente à rua da nossa casa. Não moravam ali perto, deviam estar passeando, mas não foi bem por isso que me chamaram a atenção: é que ela era a primeira menina branca e loura que eu via na vida. Porque lá em Jardim Gramacho quase ninguém era branco. Aquele encontro era novo demais para mim, em vários sentidos.

Quando a revi, nove anos depois, meu coração bateu mais forte de novo. Pela primeira vez, quis namorar de verdade, sabia que com ela seria tudo diferente, nada de ficar só para passar o tempo. Mas como é típico das garotas que se gosta para valer, ela fez questão de mostrar que não estava nem aí.

É, o caminho estava longe de ser simples. Na mesma época, eu vivia aquela fase mais complicada, andando com gente que não devia, e os pais dela achavam que eu era da boca de fumo. Para piorar, não era só o meu histórico conturbado que os pais dela não aprovavam:

– Fica longe desse menino, Nonô, que a família dele é confusa que só – a mãe dela alertou, assim que soube de quem se tratava o menino interessado.

A verdade é que a minha família, nessa onda de brigar contra tudo o que achava errado e a favor de tudo o que achava certo, acabava brigando o dia inteiro lá em Gramacho, e a fama correu feito vento quando espalha fogo na mata. Já a família da Nonô mais parecia o exato oposto da minha: embora tivesse cinco irmãos (dos quais dois vieram a falecer), era discreta, não gostava de barulho, muito menos de confusão.

Ela devia concordar com os pais, porque me ignorava solenemente quando eu mexia com ela de noite, na rua do depósito da Glória, por onde tinha que passar para ir à escola. Eu falava qualquer coisa, na intenção de que olhasse para trás, mas ela nunca dava o braço a torcer. Devia já reconhecer minha voz, e por isso mesmo se mantinha firme, o mais longe que pudesse do tal garoto arruaceiro.

Até que um dia, uns meses depois do primeiro encontro, eu a vi na casa da minha mãe. O destino tinha tratado de nos aproximar do jeito dele, casando a minha irmã Cristiane com o irmão dela, o Ziel. Pronto. Agora, mesmo que ela não quisesse, tínhamos um laço.

Era início da tarde, eu tinha saído do trabalho às 13h, devia ser quase 14h quando cheguei em casa. Nos cumprimentamos, como se nada nunca tivesse acontecido, e ficamos conversando. Ela já não parecia tão incomodada comigo – a essa altura, já devia saber que eu não era o cara mau que a mãe dela vinha bordando.

– Já tá tarde, eu tenho que ir pra escola.

– Ah, Nonô, fica mais um pouco, ainda tá cedo – minhas irmãs insistiram, parece até que sabiam que era o que eu mais queria pedir, mas também não podia ficar dando bandeira.

– Podemos ir até a praça de noite, se você quiser – arrisquei.

Ela me olhou, meio de canto, e não disse nada. "Deve ser um sim", pensei. Se não era, acabou sendo.

Fomos tomar vitamina de morango no trailer do Luciano, que era tipo um *point* no bairro. Ela tomou só um gole, nem falava de tão tímida. No caminho de volta, pedi para segurar sua mão. Conversamos até de noite, eu sem a menor vontade de dizer tchau. Na hora da despedida, acabou rolando um beijo. Era o dia 7 de abril de 2000, uma sexta-feira mais especial que as outras, quando, sem nenhum pedido formal, nós começamos a namorar. Eu tinha a certeza de que estar com ela era diferente de tudo o que eu já tinha vivido.

Uma semana depois – dia 15, um sábado – fomos juntos ao *show* d'Os Travessos[11], lá em Caxias. Era uma das bandas favoritas da Nonô, e o que eu mais queria na vida era agradá-la. Passei para pegá-la às oito, chegamos ao *show* perto das nove. Estava bombando, lotado mesmo. Curtimos algumas músicas, dançamos, até que comecei a me sentir um pouco tonto, de repente estava vendo tudo escuro. Como não tinha comido o dia todo, minha pressão caiu, passei mal no meio de toda aquela multidão, desmaiei e tudo. Só me lembro de estar numa maca entrando em algum lugar para tomar soro – e, a melhor parte, de a Nonô estar do meu lado.

Bendita pressão baixa. Do hospital, fui parar na casa dela, e acabei dormindo lá – no sofá, claro. De qualquer modo, o episódio nos aproximou de vez. Começando no domingo, que ela passou inteirinho comigo, enquanto eu melhorava. Então veio a segunda, eu fui buscá-la na escola

11 Grupo de pagode que começou a fazer sucesso no final dos anos 1990.

à noite, daí ficamos conversando até tarde no portão e acabei dormindo lá de novo. Na terça, a mesma história, e ainda aproveitei para deixar na casa dela algumas roupas que, como quem não quer nada, tinha levado na mochila. Nesse esquema, nós passamos a primeira semana, e depois a outra, e a outra. Quando me dei conta, metade do meu guarda-roupa estava na casa dela. E eu também já não tinha mais dia para dormir em casa. Foi tudo muito rápido – mas também no tempo certo.

Minha mãe é que não gostou muito da minha mudança – tanto que, quando percebeu, tratou de ir correndo me buscar. Dona Gerusa não se conformava com a ideia de me ver saindo de debaixo das asas dela, onde os outros filhos – mesmo os já casados – tinham prazer de ficar aninhados. Por isso, não fez a menor questão de disfarçar que era contra o nosso namoro, muito menos que tinha ciúme da Nonô.

Mas aí quem não gostou fui eu. Quando soube que minha mãe tinha chegado ao cúmulo de ir até a casa da Nonô para, teoricamente, me buscar – sorte que não estávamos, tínhamos ido ao mercado –, não pensei duas vezes: peguei todas as minhas roupas e me mudei de vez. De mala e cuia. Eu não era mais o adolescente que me metia com coisa errada sem saber onde estava pisando. Aquele episódio não era como o da Kombi, em que minha mãe tinha total razão de ir me salvar dos bandidos. Agora a situação era outra, e a escolha era minha. Apressada, podia até ser, mas plenamente consciente.

E se de um lado tinha a minha mãe, do outro, havia os pais dela, que também não pareciam nem um pouquinho dispostos a me aceitar assim, de cara. Afinal, ela era nova, ainda morava com os pais, aquela coisa toda.

Seu Finho e Dona Ivonete viviam num barraco na favela, de um cômodo só, mas a Nonô tinha um quartinho só para ela, de tijolo, numa parte que foi construída depois. A irmã menor, Juliana, morava com os pais, e os irmãos mais velhos dividiam outro barraco no mesmo quintal. E, ainda que ela tenha se dado sempre muito bem com os pais, principalmente com o pai – conversavam sobre tudo, drogas, relacionamentos, traição –, a adolescência foi um período também difícil na vida dela, de rebeldia: enquanto os pais implicavam, ela revidava se afastando deles.

– Por que essa porta tá fechada, Idenise? – ele gritou um dia quando chegou da rua, depois de ter bebido um pouco mais.

Idenise era o nome da Nonô, mas todo mundo a chamava pelo apelido – inclusive Seu Finho, o pai dela. Nonô "pegou" quando ainda era criança, numa fase em que não gostava de dividir nada com ninguém. Para implicar com ela, começaram a chamá-la pelo mesmo nome do personagem de uma novela dos anos 1980, Seu Nonô Corrêa, interpretado pelo Ary Fontoura, que era tão mão de vaca que tinha uma passagem secreta na casa para guardar toda a sua fortuna – que ele também não queria dividir com ninguém. A menina cresceu, mas o nome ficou, e o apelido logo passou de implicante a carinhoso.

Mas na hora de chamar a atenção, Seu Finho deixava o carinho de lado. E lá estava eu, mais uma vez, no centro daquela miniguerra declarada entre pai e filha, sem poder fazer nada. Ou será que podia?

Decidi que era hora de conversar sério com ele – falar das minhas intenções, dos meus sentimentos pela Nonô, do trabalho na cooperativa e do quanto estava dedicado a ter um futuro com ela, construir uma família, essas coisas que sonhamos.

Seu Finho me ouviu e pareceu sinceramente aberto ao que lhe disse. Aos poucos, foi deixando de lado a armadura que tinha erguido sobre si. Convenceu-se de que o que eu falava era verdade. Ele me via saindo todo dia cedinho para o trabalho e só voltando no fim da tarde. A cooperativa era um emprego seguro, e graças a ela eu já me sustentava.

Uns dias depois, ele veio conversar comigo. Pediu desculpas, disse que tinha me julgado mal. A partir daí, passou a aceitar o nosso relacionamento, a ter respeito pela nossa decisão. Em pouco tempo, fomos construindo uma amizade, ele passou a confiar em mim, e a Dona Ivonete também. Tanto que foram eles que nos ajudaram a mobiliar nosso cantinho – primeiro deram a geladeira, depois o fogão, e sempre que podiam nos ajudavam com alguma coisa.

Apesar de todas as dificuldades, a Nonô se sentia vivendo um conto de fadas. Por trás dos vários perrengues, da família que não apoiava, da realidade de dinheiro contado, nós tínhamos uma inocência que parecia fazer diminuir os problemas, valendo só o lado bom do que estávamos vivendo. Como se o romantismo daquele momento tirasse o foco das pedras, que nem por isso deixavam de surgir pelo caminho.

Nossas vidas começavam a acontecer, juntas, e eu me sentia realizado escrevendo aquela história. Tudo parecia se encaixar, e não demoraria muito para a minha felicidade ficar completa.

17. Ponte holandesa para o mundo

Depois do meu embalo na cooperativa, de barriqueiro a vice-presidente, eu me sentia cada vez mais desafiado a aprender. Sentia que, se estudasse e tivesse bons contatos por perto, poderia ajudar de verdade meus companheiros. Tinha dado um salto enorme em pouquíssimo tempo, e estava mais do que empolgado com as aulas sobre cooperativismo, com o cursinho de informática, os eventos de que participava por incentivo da Valéria – e que, devagarzinho, começavam a me abrir pequenas grandes portas.

Foi o que aconteceu na inauguração da primeira cooperativa de catadores de Marambaia, no bairro de São Gonçalo, um município do Rio. Era 10 de dezembro de 2001, Dia Nacional do Catador, e aquele era mais um dos muitos eventos para o qual a Valéria vinha me puxando nos últimos tempos. A luta dela por mim não acabava nunca, e não se limitava a correr atrás das oportunidades. Incluía, muitas vezes, convencer meus próprios companheiros de que, mesmo quando não estava na cooperativa, eu trabalhava por e para eles.

Estávamos ainda em Gramacho, esperando a van que nos levaria a São Gonçalo, quando vi descer, de um daqueles carrões de filme, um gringo todo arrumado, terno azul-marinho, gravatinha de couro:

– Esse aqui é o Nanko – a Valéria apresentou, e ele veio me cumprimentar com toda a educação, e aquele sotaque carregado dos estrangeiros que ainda estão aprendendo a nossa língua.

O gringo era amigo da Valéria, um holandês que tinha vindo para o Brasil já ia fazer 15 anos, e que aqui, mais precisamente no estado do Rio de Janeiro, tocava uma série de projetos sociais nas comunidades. Enquanto esperávamos – eu, Valéria, alguns companheiros da cooperativa e nosso novo amigo – ficamos conversando, eu mais na minha, até que a Valéria liberou o Nanko para ir andando.

– Aliás, Tião, aproveita pra ir de carona com ele.

Entrei na Pajero enorme dele – nunca tinha entrado numa – e engrenamos um papo. Ele contou que adorava o Brasil, não pensava de jeito nenhum em voltar para a Holanda, já tinha até um filho brasileiro. Depois quis saber de mim. Falei um pouco sobre a Coopergramacho, minha rotina de trabalho, o que andava estudando, como era minha vida como catador e vice-presidente da cooperativa, ele atento a cada detalhe, perguntando sempre que não entendia bem alguma coisa.

No final do evento, que reuniu catadores também de outras comunidades das redondezas – Santa Marta, Itaoca –, o Nanko veio me perguntar:

– Você acha que pode dar uma entrevista sobre a questão do catador?

Era um grupo de jornalistas do evento, e queriam a fala de um catador, mas tinha que ser alguém que não tivesse medo das câmeras. Não tinha mistério: queriam saber da nossa causa, da experiência na cooperativa, e eu topei na hora. Aquele pedido me pareceu normal, não tive vergonha nem nada, o que importava para mim naquele momento era fazer circular a história da nossa luta.

Acho que o Nanko deve ter gostado disso, porque meses depois me faria outro convite:

– Já ouviu falar do Fórum Social Mundial? O Movimento Nacional dos Catadores está planejando uma viagem para lá este ano.

Aquela seria a segunda edição do Fórum, em Porto Alegre, capital do Rio Grande do Sul, evento criado para ser um espaço de debate entre os mais diversos movimentos sociais, no Brasil e fora dele. Eu não conhecia o Fórum, mas o Nanko me incentivou a participar – disse que aquele era um espaço privilegiado para discutir todas as nossas questões, desde a reciclagem até as políticas públicas para os catadores.

Sem falar que, paralelamente, haveria um outro evento, onde nos reuniríamos para organizar as nossas demandas e depois levá-las até o Fórum. Era o I Encontro Latino-Americano de Catadores, ali perto de Porto Alegre, na cidade gaúcha de Caxias do Sul. Topei de novo, sem imaginar que aquela viagem me levaria tão longe.

Chegando a Caxias, foi uma grande surpresa. De repente, eu me vi entre mais de setecentos catadores, só que de outros países – chilenos, uruguaios, bolivianos, argentinos. Senti uma emoção muito forte. Até então, na minha cabeça, só existíamos nós, os catadores de Gramacho – eu não imaginava que aquela realidade pudesse se repetir em outro país, ser universal, atingir outras pessoas. Meu mundo era tão pequeno que era incapaz de ver além dele.

Pela primeira vez, eu entendi que nós éramos muitos, e que estávamos espalhados pelos quatro cantos do mundo. Que, apesar das diferenças de língua ou cultura, nós lutávamos pelas mesmas condições, tínhamos sonhos e limites mais ou menos parecidos.

Eu não estava mais sozinho. Não era só eu, chorando, vitimizado – pelo contrário, havia um monte de gente na mesma situação, companheiros meus de ofício e de luta, buscando o mesmo espaço, a mesma voz, e ao lado deles eu me sentia mais forte para também lutar pelos meus direitos.

O que nós precisávamos era mesmo nos encontrar, e naquele encontro misturar as energias, compartilhar as histórias, para seguir dali com gás para a guerra maior pela dignidade.

Ficamos dois dias em Caxias debatendo e organizando as nossas necessidades, que reunimos numa carta que tocava em vários pontos: a regulamentação da profissão "catador", a criação de políticas públicas, mais incentivos e oportunidades, respeito, dignidade. E no dia seguinte, partimos bem cedo para Porto Alegre, na Marcha de Abertura do Fórum.

No evento de Porto Alegre, conheci representantes de vários movimentos sociais, não só brasileiros, mas de outros países – inclusive de outros continentes. O Nanko estava certo quando disse que aquela seria uma experiência e tanto, a começar pela viagem, pela possibilidade de mudar de ponto de vista e enxergar de um lugar novo a realidade que vivemos.

A semana foi toda de encontros, eu sempre acompanhando o pessoal do movimento, que tinha sido criado um ano antes, em 2001. Em pauta, ao lado de vários outros, havia o tópico "meio ambiente", com espaço para debater a reciclagem e seus desdobramentos. Era aí que nós entrávamos. Durante uma semana, acompanhamos todas as palestras, discussões, mesas-redondas.

Atravessando o imenso pavilhão, eu às vezes esbarrava com líderes de outros projetos, discursando para pequenas multidões, assistia a pedaços de palestras sobre outros temas, todos eles trazendo para o centro da mesa vozes que não costumávamos ouvir em outro lugar. No final, entregamos aos representantes a nossa carta, um pequeno "manifesto" pelos direitos dos catadores. Estava encerrada a nossa missão.

Aquela viagem, mas principalmente o encontro com os catadores de outros países, foi um divisor de águas na minha vida. Eu estava deslumbrado com aquela descoberta, apaixonado pelo movimento. Talvez aí eu tenha começado a entender que a semente deixada pelo avô Agostinho poderia brotar em um solo que não era o do cais. Talvez fosse ali, entre aqueles catadores que eu nunca tinha visto na vida, mas perto dos quais eu me sentia em casa.

Era a maneira que eu encontrava de seguir os passos do velho, e ao mesmo tempo escrever do próprio punho a minha história. E decidi:

– Eu tenho que ficar nesse meio.

Em 2003, entrei oficialmente para o Movimento Nacional dos Catadores, como militante. Agora estava mais presente do que nunca naquela luta que já tinha virado uma bandeira na minha vida. Finalmente, poderia representar meus companheiros com conhecimento de causa.

Era um passo importante, que me levaria tão longe quanto eu estivesse disposto a ir. E eu estava disposto a tudo. Graças a essa minha vontade – e, claro, ao apoio do Nanko –, em pouco tempo eu já estava viajando o Brasil, e no melhor estilo mochileiro – pegava ônibus, ficava cinco, seis dias fora de casa, conhecia gente, fazia contatos. Sempre lutando pelo respeito à nossa categoria, pelo direito à coleta seletiva, pela política de tratamento de resíduos no país. Eu começava a sentir meus passos largos, por mais que a estrada ainda fosse estreita.

De uma hora para a outra, aquele holandês simpático acreditava no meu sonho e, mais do que isso, abraçava com vontade a minha causa – me apresentando gente, me fazendo líder, me dando conselhos, bronca e afeto. Assim como a Valéria, ele tinha decidido me "adotar" como filho. E, para ele, paternidade era sinônimo de apoio incondicional.

O Nanko tinha chegado ao Brasil no final dos anos 1980, a pedido de um instituto holandês no qual trabalhava. Empresas ligadas a esse órgão investiam em projetos sociais no Brasil e em outros países "em desenvolvimento", e na época apoiavam o Movimento Nacional de Meninos de Rua no Rio de Janeiro. Durante os três meses que passaria aqui, o Nanko deveria avaliar se o investimento das tais empresas no projeto social estava tendo o impacto que se esperava, mas ele logo descobriu que não. As pessoas que lidavam diretamente com os moradores de rua até davam comida, cobertor, mas o auxílio parava por aí. Não havia um esforço maior para mudar a situação deles, para tirá-los definitivamente da rua.

De volta à Holanda, ele tinha a solução: criar no Brasil um centro de formação para educadores de rua, para orientá-los no trabalho. O conselho do instituto pediu que o Nanko voltasse para cá e criasse, ele mesmo, o tal centro. O trabalho duraria dois anos.

A questão toda foi que, durante esse tempo, ele encontrou educadores tão cheios de ideias que resolveu ficar mais. Reuniu todos eles; tinha ainda um projeto por realizar:

– E se nós criarmos um instituto nosso, livre para experimentarmos a nossa metodologia? – nascia assim o Ibiss, em 1989.

– Nós apoiamos as pessoas, acreditando que depois de um tempo elas vão poder voar com as próprias asas. Por isso o Ibiss é um pássaro – ouvi o Nanko dizer uma vez.

A ideia dele era criar o Ibiss, esse instituto inovador focado em projetos sociais, e então retornar ao seu país – mas não conseguiu. Ele me disse que, morando alguns anos aqui, se é "contaminado" por essa energia, pelas pessoas, pelas oportunidades, e não dá mais para voltar. Vai entender!

Primeiro, eles começaram com dois ou três projetos, voltados principalmente à saúde da população de rua, e aos poucos foram se voltando para dentro das comunidades – a Cidade de Deus foi uma das primeiras. E, desde que nasceu, o Ibiss já fazia um trabalho nas ruas com os próprios catadores – já que alguns moravam na rua mesmo, vários deles usando as marquises dos prédios do centro para se abrigar.

Só depois pude ver que o encontro com o Nanko no evento de Marambaia estava longe de ser obra do acaso. O trabalho deles com os catadores, que tinha começado no centro, logo se espalhou para outras comunidades – entre elas, a de São Gonçalo, que naquele dia inaugurava sua primeira cooperativa.

– Me chamou a atenção – ele gosta de contar – no meio dos outros, um tal moleque de trancinhas, com aquela coisa natural de ser líder, jovem demais para ser quase responsável pela cooperativa de Gramacho – e sempre repete a mesma história quando perguntam desse encontro.

Eu me sentia, de todo o coração, um cara de muita sorte: enquanto a Valéria tinha me incentivado a caminhar com as próprias pernas, me mostrando que havia um mundo de oportunidades logo ali, o Nanko entrava na minha vida justamente para me levar até esse mundo, para me apresentar a estrada certa, que também me conduziria às oportunidades certas – e acreditando num sonho que talvez nem eu acreditasse. Quase como um segundo pai.

E foi assim que eu, que por 17 anos reclamei por não ter um pai, percebi que Deus tinha acabado de me dar dois.

18. Amor de pai

Quando eu era adolescente, tracei alguns planos para a minha vida, entre eles o de ser pai antes dos 20. Naquela época, eu devia ter uns 13 anos, rondava o boato de que o mundo ia acabar em 2000 – e, tenho que confessar, eu morria de medo de que isso fosse verdade. Por isso, decidi que realizaria meus principais projetos de vida até a data fatídica, cheguei até a fazer alguns cálculos, tudo para impedir que o mundo acabasse e levasse com ele meus sonhos mais importantes.

Felizmente, não foi o que aconteceu. O tempo foi passando, 2000 chegou, virou e o mundo continuou ali, de pé como sempre esteve. Acho que eu nem me lembrava mais dos tais planos de menino quando a Nonô me cutucou, certa manhã, mais cedo que o normal. Disse que estava com a menstruação atrasada já tinha duas semanas, e que existia uma boa chance de estar grávida.

De repente, senti as velhas expectativas de volta, misturadas com uma ansiedade nova, que agora tinha forma. Era o presente que eu de fato vivia. Mas, antes de comemorar, nós precisávamos ter certeza. Corri para comprar um daqueles testes de farmácia, rezando para que o resultado desse positivo.

– Deu negativo – ela disse, e eu me senti de volta à estaca zero.

Parecia mais desapontado que a Nonô, como se já sentisse o filho crescer dentro dela – ou de mim, tamanha era a minha excitação com tudo aquilo.

Só que os dias foram passando, e nada da menstruação. Já tinham nos dito que o único jeito de ter certeza, já que o teste e a biologia estavam falando línguas diferentes, era pela tal ultrassonografia. Relutamos o quanto pudemos à espera de uma resposta da natureza – a ultra custava uns 30 reais, e para nós aquilo era muito dinheiro na época –, mas não houve jeito.

Na mesma semana, fomos juntos ao hospital. E, como intuição de pai nunca falha, lá estava o embriãozinho, pequenininho ainda, confirmando uma suspeita que dentro de mim já era certeza. O médico explicou que, nas primeiras semanas de gravidez, como era o caso da Nonô, o exame de farmácia dificilmente acertava, que era normal aquela confusão de "sim" e "não". Mas nada daquilo me importava mais, porque agora eu ia ser pai. Tudo bem que tinha errado um pouquinho na "profecia" – eu já tinha 21 anos, e não menos de 20, como planejava quando moleque, mas aquilo era só um detalhe.

Mal saí da sala, coloquei o exame na mochila, subi na bicicleta e fui correndo até a casa da minha mãe.

– Eu vou ser paaai!!! – cheguei gritando aos quatro ventos, explodindo por dentro de felicidade.

Minhas irmãs foram correndo me ver, e depois minha mãe. Elas me abraçaram e tudo, mas não estavam empolgadas de verdade. Dona Gerusa, sempre a primeira a vibrar com a gravidez das minhas irmãs, nem esboçou muita reação. Tudo por causa de uma filosofia ultrapassada e um tanto quanto machista pregada lá em casa, pela minha avó e minha tia:

– Filho da minha filha é meu neto. O filho do meu filho pode ser, ou não.

Fora isso, tinha o fato de que a Nonô engravidara rápido demais, só dois meses depois do início do namoro. E começou uma suspeita chata lá em casa de que o neném não fosse meu filho. De tanto repetirem a tal história do "filho do filho", acho que se convenceram de que tinham a obrigação de desconfiar. Por isso também minha mãe sempre foi mais próxima dos netos filhos das filhas. Com os filhos dos filhos, ao contrário, ela evitava se apegar – a exceção foi a Juliana, filha do meu irmão Rogério, criada pela minha família e, de certa forma, uma parte dele que deixou conosco.

Até seu Finho, que já estava se dando bem comigo, não pareceu muito empolgado com a notícia – e até estranhamos a reação dele. Mas seus motivos eram um pouco diferentes. Ele sempre foi muito apegado à Nonô – os dois pensavam parecido, gostavam das mesmas coisas, tinham as mesmas habilidades (tipo consertar coisa de casa, mexer com eletricidade) e até as mesmas chatices. Era difícil aceitar que a filha querida em breve viraria mãe, uma mistura de medo e ciúme por de repente vê-la crescer, voar para longe. Ela continuava bem ali, mas a distância que ele via surgir estava longe de ser física. Nós percebemos isso, e decidimos respeitar o tempo dele.

A gravidez correu tranquila, a Nonô só enjoava às vezes – lembro que na hora de escovar os dentes, por causa do gosto da pasta, mas diziam que era normal. E tinha também uns desejos exóticos – como "engolir" fumaça de cigarro, comer sabonete (sem falar que tinha que ser um lá todo especial, tal de "Lux suave de extrato de leite") e outras coisas parecidas.

– Quando a Nonô sentir dor, tem que passar por cima de você, que é pra transferir uma parte pro pai – minha tia falava, e nós seguíamos todas as "recomendações".

Curti muito cada momento, é bem verdade, mas senti também os pesos da responsabilidade. Os pesos que não eram mais da mochila pesada da rampa, nem da adolescência me exigindo maturidade, mas a vida me pedindo para crescer de vez, me dizendo que agora eu seria pai. O dia que eu tinha esperado, a surpresa que eu mais desejava tinha – como tudo na vida – também o outro lado.

Quando me dei conta disso, decidi voltar a estudar. Agora não se tratava mais do que eu queria para mim, mas do que eu desejava para o meu filho, ou filha, da vida que eu gostaria de lhe dar.

E lá fomos nós, eu e a Nonô, voltar a aprender o que deixamos para trás, a barriga dela já querendo aparecer. De manhã, nós trabalhávamos – eu na cooperativa, ela numa loja de móveis –, e de tarde íamos juntos para o colégio. Estudávamos na mesma sala, eu tinha 21; ela, 16; os dois terminando a sexta série.

No dia 27 de fevereiro de 2001, nossa pequena Clara Ellis nasceu. O nome era como o de uma personagem da novela *Pecado Mortal*, que passava na época – batizada "Clarelis" em homenagem às cantoras Clara Nunes e Elis Regina. Quando vi a novela, uns três anos antes de a Clara nascer, decidi que seria esse também o nome da minha filha, no dia em que Deus me desse uma. Pois ele deu, e eu não me cansava de admirá-la.

Foi naquele exato momento, quando a vi pela primeira vez deitadinha no berço, pequena, indefesa, que entendi o que era ser pai. Por mais perto que tenha estado da Nonô durante a gravidez, na barriga era tudo muito abstrato. Eu ainda não podia vê-la, nem senti-la, nem ter noção do tamanho daquela criaturinha que uns meses depois haveria de cuidar, proteger, a quem haveria de ensinar o mundo inteiro, tudo o que sabia dele – e o que não sabia também.

Só de "raiva" e para contrariar qualquer suspeita, a Clara nasceu a cara da vovó Gerusa. O irmão da Nonô, para brincar, até passou a chamá-la de "Glorinha", de tão parecida que era com a Glória quando menina.

Sem falar que a nossa pequena encantou o vovô Finho à primeira vista. Ele não foi vê-la no hospital, mas quando a Nonô já estava em casa, um dia passou pelo quarto, colocou a cabeça na porta:

– Posso entrar?

E quando a viu, aquele sentimento imenso de vida – vida que era parte dele, sangue do seu sangue – deve ter transbordado de uma forma inexplicável, que Seu Finho se esqueceu de tudo. Dali pra frente, só importava o amor que sentia pela neta.

E esse amor entre eles só fazia aumentar. Como nós precisávamos trabalhar de manhã e tínhamos voltado a estudar à tarde, meus sogros nos ajudaram a criá-la nos primeiros anos. E eram apaixonados, os dois faziam todas as vontades dela, levavam para passear, brincavam em casa, era um chamego que só. Ele dizia:

– Vem cá, minha *veia*, me dá um abraço – e ela caía na gargalhada, o abraçava, o enchia de beijos.

Um dia, cheguei em casa e flagrei a Dona Ivonete deitada na sala com o rosto todo pintado de batom. Era a Clara brincando de salão de beleza, maquiando a "cliente" com todos os pós que achou em casa, a avó feliz da vida por fazer a netinha sorrir.

A intimidade entre eles era tanta que, até os quatro anos, ela chamava os avós de mãe e pai, e a mim e a Nonô pelo nome. Só com cinco, seis aninhos é que foi entendendo que os pais de verdade éramos nós. E logo aprendeu.

Qual não foi minha felicidade quando soube que a primeira palavra que ela falou foi "dai"? – ou seja, "pai", e nada me convence do contrário.

À medida que a Clara foi crescendo, nós aumentamos um pouco a casa – fizemos banheiro, cozinha e aumentamos a área. E como ela cresceu rápido! De uma hora para outra, já era uma mocinha, andando de um lado para outro, esperta e perguntadora, cheia de anel, pulseirinha, lacinho na cabeça, saltinho alto. Nós não tínhamos condições de dar tudo o que queria, mas tudo o que podíamos, se e quando podíamos, era para ela. E meus sogros estavam sempre ajudando – com fralda, leite, a cama, a bicicleta.

O nascimento da Clara tinha inaugurado uma nova fase na minha vida. Ela vinha me despertar do sonho, da rebeldia e da falta de planos direto para o mundo real – que me exigia uma nova postura, um novo olhar para o mundo e para mim mesmo. Eu já era pai – a Clara tinha oito meses – quando fui pela última vez num daqueles bailes de briga. Foi uma noite terrível – aquela em que presenciei a morte de um sujeito, que foi "guindado" para o outro lado. Cheguei em casa abalado, pensando na morte, na vida, e corri até o berço dela. Olhei para aquele rostinho indefeso, dependente de mim para sempre. Chorei olhando para ela e dormi ali mesmo, apoiado no berço.

Aí entendi que ser pai era muito mais do que eu pensava. Significava aprender – e crescer – ainda mais todos os dias.

19. Uma jovem liderança

AQUELA SALA DE AULA NÃO era como as outras. E eu soube disso logo no primeiro dia, uma manhã de março de 2002. As cadeiras, as carteiras, o quadro-negro, isso tudo era igual, mas ao mesmo tempo eu podia sentir um perfume no ar, um clima de liderança – professores que nos desafiavam, colegas que nos olhavam no olho, que tinham coragem de perguntar o que não sabiam, de dizer o que pensavam – e de pensar com a própria cabeça.

Numa das primeiras aulas, cada aluno recebeu uma câmera fotográfica.

– Cada um de vocês vai ficar por uma semana com uma máquina dessas para fotografar a própria comunidade, tudo aquilo que vocês acharem interessante.

"Como assim, entrei nesse curso pra ficar tirando foto?", pensei. Lembro que achei tão bobo, não conseguia ver sentido naquilo. Mas já que eu estava ali, e todos os outros fariam o mesmo, não quis criar caso. Na época, ainda eram daquelas máquinas fotográficas antigas, manuais, mas o que estava em jogo ali, eu entenderia depois, não era a qualidade técnica, muito menos a perfeição do trabalho.

Fui para casa, tirei as fotos, e na semana seguinte já estava com as imagens na mochila, reveladas e tudo. Devíamos colá-las, cada um as suas, sobre uma cartolina branca para uma miniexposição.

Na minha vez, estendi a cartolina com o resultado do meu trabalho: o lixão de Gramacho numa imagem, um urubu na outra, dois porcos revirando lixo numa terceira, crianças catando no aterro em algumas outras, e por aí seguia. Sem querer, sem pensar, ali estava o meu olhar sobre a minha comunidade. Como eu a via, o que condenava nela, o que de alguma forma queria denunciar. A brincadeira boba das fotos tinha, sim, um sentido maior. Que só agora, de uma distância segura, eu podia ver de fato.

Era assim que funcionava o curso "Jovens Lideranças": desafio atrás de desafio, descoberta atrás de descoberta, preconceitos caindo por terra a cada nova aula. Coisas que pareciam simples, mas que também podiam ser intensas.

A ideia do curso nasceu um ou dois anos antes, durante o trabalho dos educadores do Ibiss dentro das comunidades. Com o convívio, eles foram descobrindo jovens com capacidade de mobilizar os outros – mas sem saber direito como. E perceberam que poderiam contribuir. Não roubando o nosso papel, mas nos fortalecendo. Transformando "jovens promissores" em "jovens lideranças".

Para participar, não bastava querer. Precisava de indicação, já que as vagas eram contadas – a ideia do Ibiss era formar jovens de fato interessados. Sem falar que depois, numa outra etapa, você tinha que defender o seu direito de fazer o curso, ali não tinha espaço para "Zé Ruela". Fui indicado pela Valéria para o processo seletivo. Eu estava com 23 anos, tinha recém-terminado a oitava série – a Nonô parou por causa da Clara, e eu continuei. Depois de sobreviver a uma bateria de entrevistas, lá estava eu, dividindo com outros 20 e poucos o espaço privilegiado daquela sala.

Lembro como se fosse hoje do nosso primeiro encontro, de apresentação. Cada um tinha que falar seu nome e o que fazia da vida. Começou:

Fabinho, do projeto "Boxe pela Paz"; Juliana (Alves, hoje atriz), do grupo de teatro "Nós do Morro"[12]; Felipe, do grafite; Zeca, do *funk*; alguns outros meninos lá do fundo, do *hip hop*. Torci para que a minha vez não chegasse nunca. Eu suava frio na hora de dizer:

– Meu nome é Tião, e eu cato lixo.

Nesse dia, eu me senti um nada. Enquanto meus colegas atuavam, dançavam, lutavam, todos já inseridos em projetos sociais superbacanas, eu era um dos únicos – senão o único – que já tinha filho para criar, que por isso tinha que trabalhar – e ainda por cima dentro do lixão. Tudo bem que tinha a cooperativa, mas de qualquer forma o meu trabalho era no lixo.

Nos primeiros três meses de curso, ainda sob os efeitos da apresentação, quase não falava. Ouvia os outros debatendo, defendendo seus pontos de vista, mas não achava que eu fosse igual a eles. Sentia-me menor, inferior, naquele espaço de gente tão versátil e corajosa. Não foi fácil.

Mas também não era para ser fácil. Quem me ensinou isso foi o PJ. PJ era o apelido do Paulo Jorge, sociólogo crânio, coordenador do curso e professor de "Cidadania e Violência". Desses caras que sabem mexer com o lado humano das pessoas, potencializar o que nós temos de melhor.

Nós dois conversávamos muito – durante, antes e depois das aulas –, sobre tudo: dos problemas do mundo aos nossos problemas, e também sobre educação, democracia, política, desigualdade, mobilidade social. Com ele, não tinha essa coisa de "eu nasci pobrezinho", "sou vítima", não. Todos nós tínhamos capacidade – e obrigação – de transformar a nossa trajetória em discurso, e daí em ação concreta.

Ele dizia:

– A ideia de cidade é quase uma metáfora, não há partilha de um território comum. Ou melhor, até existe um território comum, que é o da violência, onde um lado se diz vítima do outro.

12 Projeto social de formação nas áreas de teatro e cinema voltado a crianças, jovens e adultos de comunidades, nascido dentro do Morro do Vidigal por iniciativa do jornalista e ator Guti Fraga e um grupo de jovens moradores locais.

Para o PJ, cabia a nós, enquanto líderes, buscar mediar o conflito entre esses dois lados da mesma cidade, os tais dois mundos que de certa forma eu sempre vi, através de uma fronteira invisível, e que agora me via podendo juntar, como num quebra-cabeça. Mas eu precisaria trabalhar para isso.

A verdade é que o PJ nunca nos deu as "respostas matemáticas" que pedíamos. Ao contrário, o mundo que ele nos apresentava era quase sempre incerto:

– Porque as incertezas são parte do mundo, e é com elas que aprendemos a pensar.

Com o tempo e os conselhos do PJ – e também as aulas do professor Altair, de Ciências Políticas; do professor Datena, de Direito (Datena era o apelido, o nome dele é Mauro); da professora Ângela, de Cidadania –, comecei a me sentir mais seguro no curso. Passei a também encarar meus colegas no olho, a gostar do embate – e do combate. Tanto que um dia o PJ comentou:

– Algumas pessoas viram as costas para o problema, mas você, não, Tião, você enfrenta o problema, e isso faz toda a diferença.

E, sendo bem realista, problema era o que não nos faltava, na vida e nas aulas. Saber problematizar, aliás, era praticamente um pré-requisito para cursar o "Jovens". Da Revolução Francesa até a política de hoje, passando pela escravidão no Brasil, por Thomas Hobbes, Maquiavel, direitos humanos, pensamento social, arte e cultura, tudo ali era questionado, sugestionado, espremido até a última gota. Nós líamos vários textos e debatíamos todos eles, até entender, ou desaprender tudo o que pensávamos que sabíamos. De uma hora para outra, eu tinha a sorte (ou o azar) de revirar na minha cabeça tudo o que pensava até então. Sobre mim mesmo e sobre os outros.

Mas essa "bagunça", é bom dizer, começou antes mesmo do curso. No fim de semana seguinte à apresentação, antes do início oficial das aulas, o Ibiss promoveu um encontro entre os alunos para que pudéssemos nos conhecer melhor. Era uma viagem de fim de semana a Paquetá, com várias atividades e algum tempo livre para interagir. Afinal, éramos uma mistura muito louca de sonhos, visões de mundo e histórias de vida – ainda que movidos todos, ao mesmo tempo, por uma vontade comum de mudança.

Já no ônibus fiz meu primeiro amigo, que apelidamos Zeca, porque ele era a cara do Zeca Pagodinho. Também de cara fiz meu primeiro "desafeto", um moleque chamado Fabinho, *playboy* todo cheio de marra com quem me estranhei logo no início.

Assim que chegamos, já fomos direto para a confraternização – um momento só nosso, coisa bem de jovem – tomar banho de piscina, jogar bola, ficar conversando – mas que eu, pelo menos daquele jeito, nunca tinha vivido.

À noite, na hora de dividirmos os quartos, acabei ficando com o Zeca, o Paquetá e... o Fabinho. Primeiro, foi aquele clima tenso, nos olhando meio de lado, até que, conversa vai, conversa vem, cada um falando um pouco da própria vida, chegou a hora de ele se abrir também. Contou das dificuldades que teve, que viu o irmão morrer no tráfico, história puxada. Contei da morte do meu irmão, da nossa vida no aterro. Choramos, cada um com a sua dor, mas de algum modo solidários à dor do outro. Descobrimos aí que nossas diferenças não eram maiores que as afinidades. Entendemos que as aparências enganam, que a primeira impressão pode ser desfeita, que o que parece divergência pode ser semelhança. Aquela conversa nos aproximou, e o convívio no curso nas semanas seguintes – todas as terças e quintas, quando nos encontrávamos nas aulas – estreitou ainda mais os nossos laços.

Passamos a andar juntos, antes e depois de a aula começar. Um dia, depois do curso, resolvemos fazer hora ali no Aterro do Flamengo, perto do prédio onde tínhamos as aulas, antes de pegar o ônibus de volta. Ficamos ali no gramado, fumando, andando de um lado para o outro, eu, o Fabinho e o Zeca. Até que passou um cara, parou, ficou de olho. Depois voltou nos mandando ir embora, era um policial à paisana, nos ameaçou, quase fomos presos.

Isso foi lá no começo do curso, eu ainda era bem imaturo, não estava nem aí para nada. Num desses rompantes de moleque, disse ao cara que não me importava de ser preso – eu não tinha ainda noção da seriedade da coisa. Acontece que o Fabinho já tinha passagem pela polícia, só que eu não sabia quando provoquei, e acabamos tendo que dar dinheiro para o policial não nos levar – lembro que cada um deu 50 reais. Essa foi uma das últimas besteiras que eu fiz na vida, numa fase de transição entre o Tião antes e o Tião depois do "Jovens Lideranças".

No dia seguinte, a coordenadora do curso, Ana Célia, veio falar conosco. Era ela que lidava diretamente com os alunos no dia a dia do "Jovens". E sabia tudo o que acontecia com cada um, não só dentro do curso, mas também fora dele. Se nós tínhamos algum problema, ela sentava junto para saber o que era, queria entender, dava conselhos. Era como uma irmã, uma parceira, só queria o nosso bem, e nós sabíamos disso. De tempos em tempos, ela aparecia na cooperativa, e eu já sabia: era para me avaliar. Ficava me vendo trabalhar, perguntava aos outros se eu tinha mudado, investigava tudo, tim-tim por tim-tim.

Nesse dia, ela se sentou com os três e nos deu uma chamada. Sempre com muito tato, muito afeto. No fim da conversa, pensei: "eu não tenho o direito de desperdiçar uma oportunidade dessas".

Junto com as matérias, o curso também nos ensinava muito sobre os relacionamentos – respeito, tolerância, solidariedade. E sobre se colocar no lugar do outro, coisa que eu nunca tinha experimentado antes.

Por um bom tempo, já durante o curso, andei me estranhando com os meninos do *hip hop*. Eles se colocavam como os "*playboys*", como se nós – só nós – fôssemos os "favelados". Volta e meia, nos desentendíamos por isso, mas sempre de longe, de novo as aparências falando mais alto. Até que um momento do curso nos obrigou a quebrar isso. Lembro que, a cada semana, tínhamos que visitar os projetos uns dos outros. Fomos ao Vidigal conhecer melhor o "Nós do Morro"; depois à Maré, ver de perto o "Boxe pela Paz"; e, finalmente, à comunidade Vila Aliança, em Bangu, dos meninos do "Ponto BR". Foi quando pude ver, assim, de perto, sem os preconceitos da distância, que eles não eram nem um pouco esnobes, nem um pouco marrentos, ao contrário: por trás de uma primeira impressão, eram exatamente como nós, levavam uma vida igualzinha à nossa – as mesmas angústias do dia a dia, as mesmas incertezas, mais ou menos os mesmos sonhos. No fundo, tínhamos um vínculo maior, muito mais nítido e definido, que as barreiras invisíveis que nos faziam distantes.

Essas experiências de campo, aliás, eram dos momentos que mais me fascinavam. Nós não visitávamos só as comunidades, mas também museus, cinema, teatro, tudo o que eu nunca tinha vivido – só conhecia pela TV.

O centro do Rio também era um cenário novo, com seus prédios imensos, suas ruas antigas, a história que eu aprendia na sala de aula esculpida nas construções de séculos atrás, do Teatro Municipal, da Biblioteca Nacional, da Candelária, e eu só ficava imaginando as estórias mais loucas na minha cabeça.

Meu olhar foi se ampliando, como se eu tivesse passado meus primeiros 20 anos cego para o mundo real, que naquele momento era o mundo inteiro das possibilidades. Eu até então só tinha conhecido metade do mundo, e nem imaginava que existisse uma outra metade. Mas pouco a pouco ela ia surgindo, e me apresentando as pessoas, os lugares, livros, pensamentos, abrindo a minha cabeça, me fazendo mais leve, como que liberto dos velhos pesos – da mochila, da adolescência, dos preconceitos, dos urubus, dos porcos, do lixão sem nada em volta...

Comecei a olhar com outros olhos até para as aulas, para os professores e para os colegas que cresciam comigo naquela "viagem" da qual ninguém voltaria o mesmo. Já encarava as propostas de outra forma, a "arte" com mais disposição. Entendia que algumas experiências nem sempre precisam parecer lógicas, nem fazer algum sentido logo de cara. Que, às vezes, ganhamos muito mais quando nos entregamos, quando confiamos e seguimos em frente. Exatamente como nas aulas de teatro, que nos exigiam esquecer de tudo para nos concentrar em nós mesmos – na nossa busca, no nosso renascimento.

Foi essa, pelo menos, a interpretação que mais me marcou – a da semente virando árvore. A primeira vez que vi achei tudo muito louco: você tinha que *ser* a semente. E, aos poucos, ir se transformando na árvore, com os galhos, os frutos, os ramos, as dificuldades de crescer, e levantar os braços, ora torto, ora curvado, ora subindo, em pé, querendo se libertar, querendo assumir um novo lugar, uma nova vida, renascer. Como a semente, nós precisávamos passar por aquela redescoberta de nós mesmos – isso se quiséssemos chegar a ser uma grande árvore. Podia ser bobo à primeira vista, mas tinha todo um significado. Tinha um poder simbólico. Encorajava a encarar o público, encarar as câmeras, encarar os outros e a si mesmo.

Com tudo isso, eu comecei a mudar de verdade. Por fora e por dentro. Meu jeito de falar, de entender e sentir o mundo. A transformação que aqueles oito meses de curso e convivência com o novo tinha me causado era profunda, e começava a me preparar para o que ainda estava por vir. Era só o começo de mais uma etapa, e lá no fundo eu conseguia sentir. Sentia que, com os anos e as experiências, eu ia deixando algumas partes de mim para trás, e abraçando outras, mais nítidas, mais consistentes.

Na última aula do PJ, comecei a entender um pouco o que o futuro me reservava. Afinal, eu já estava certo da minha missão, mas sentia, lá no íntimo, que ainda faltava alguma coisa. Talvez o caminho, o "como" sair dali, o "como" continuar seguindo de onde parei, agora munido de novos pensamentos, de novas experiências.

Nos sentamos em círculo, todos os alunos, e ele quis ouvir de nós uma espécie de balanço daquele tempo que passamos juntos. O que cada um de nós aprendeu, como nos sentíamos, o que aquele curso tinha significado nas nossas vidas.

Todos estavam claramente felizes, mais seguros, mais fortes, e faziam questão de mostrar isso. "Sinto que sou muito mais capaz agora", disse um; "Acho que estou bem preparado", disse outro; "Aprendi que basta lutar" etc.

Assim como no primeiro dia, da apresentação, eu me sentia diferente de todos. A sensação já não era mais de inferioridade, que agora eu entendia o meu papel naquela dança, mas de novo era como se eu destoasse dos meus colegas.

Não sei se por acaso, o PJ me deixou por último. Talvez soubesse que minha resposta fosse causar algum estranhamento – e estranhamento era tudo o que ele mais gostava de provocar em nós.

– E você, Tião, como você se sente?

Tinha chegado a minha vez. Eu já não suava frio, ao contrário, meu sangue fervia. E disse, bem sério:

– Puto com o senhor.

Ele me olhou, surpreso. Continuei:

– Eu morava num lugar onde porco, urubu, gente, lixo, esgoto era tudo normal pra mim. E eu estava muito feliz – disse ainda mais sério que antes, quase indignado.

Ele me olhava curioso, o resto da turma virou para trás também.

– Aí o senhor me trouxe pra cá, me ensinou o *Liberté, Égalité, Fraternité*, disse que somos todos iguais perante a lei, sem distinção de nada, com direito a vida, liberdade e igualdade. Moral da história: eu digo pros meus amigos que nós temos que lutar pelos direitos, eles dizem que eu sou maluco, que catador não tem direito. A sociedade, a mesma coisa. Ou seja, professor: agora, depois do curso, eu me sinto ainda mais excluído do que antes.

Ele me ouviu, atento, cada palavra. Então foi chegando mais perto de onde eu estava, com toda a calma do mundo, olhou nos meus olhos:

– E quem foi que disse que eu te trouxe pra cá pra você "ser feliz"? – e frisou as aspas com as mãos, como que dizendo "você não era feliz, nada". E tinha total razão.

Toda a turma olhava para aquele nosso último embate, silêncio profundo.

– Eu te trouxe pra cá – continuou o PJ – pra te mostrar que você vivia num mundo de injustiça. Que porco, urubu, lixo e gente não deveriam conviver no mesmo espaço.

– Eu sei, e eu tô tentando fazer alguma coisa, mas parece que as pessoas não entendem, cada dia eu fico mais indignado com tudo isso.

– Pois não adianta você se indignar – e me olhou mais sério que nunca. – Pega toda essa indignação e vai mudar a sua vida e a vida da sua comunidade.

A última lição do PJ como que resumia todos aqueles meses ali, assistindo às aulas, visitando projetos, conhecendo lugares, contando histórias e ouvindo outras. Como se aquela fosse a "conclusão" de toda a teoria, de toda a prática, quase uma metáfora para a minha luta, para a minha vida – e para a de todos ali.

Agora eu estava preparado. Já tinha minha missão. E acabava de entender o caminho. Ser líder era ter aquela postura que o PJ falava: enfrentar tudo e seguir em frente, transformar a raiva em atitude, a trajetória em discurso, e então em ação concreta.

Mas ainda não tinha acabado. Como tarefa de final de curso, deveríamos apresentar um projeto que tínhamos desenvolvido juntos. E no dia da formatura, apenas um, eleito por nós como "liderança das lideranças", representaria todo o grupo. A tarefa não era fácil: como escolher, entre tantos colegas bons, críticos, espertos, um só para nos representar? Lembro que teve uma minieleição, votação secreta. Votei no Glauber – um moleque super-hiper-talentoso, bonito, articulador, um cara que eu admirava muito – e o Glauber votou em mim. Ele e, para a minha grande surpresa, o resto da turma toda.

Oito meses depois daquele primeiro dia – eu meio bicho do mato, me sentindo menor porque vinha do lixo –, era difícil acreditar que havia sido escolhido por aqueles grandes colegas, líderes que tanto admirava, como a liderança mais destacada. Sendo visto pelos outros – depois de aprender a lidar com egos e vaidades, a recuar, a ter mais humildade – como alguém capaz de representá-los nas ações e nas palavras.

O tempo passou, mas as lições ficaram para sempre. E as amizades ainda hoje me revisitam, ainda que na lembrança. Eu e o Fabinho seguimos amigos. Ele mora na comunidade Nova Holanda, perto do meu cunhado, nos falamos direto, praticamente todo dia. O engraçado é que nós vivemos brigando – mas agora com amizade –, as pessoas até brincam que nós parecemos marido e mulher. Dessa turma, infelizmente, perdemos dois, muito queridos – o Paquetá, de HIV, e o Glauber, num acidente de moto. Dois amigos de quem nunca me esquecerei.

E é claro que ainda hoje tenho contato com o PJ, que de professor virou meu amigo, meu guru e conselheiro. Vira e mexe nos encontramos, eu ligo para ele, peço indicação de um livro bom para ler. O último que me indicou foi *Política*, do João Ubaldo Ribeiro, que na verdade ele me deu de presente.

Olhando para esse capítulo da minha vida, vejo que eu fui muito bem preparado para os desafios que estavam por vir. Se tudo isso não foi manobra de Deus, com certeza foi manobra de alguém. Afinal, foi graças àquele curso, àqueles professores que me fizeram ir além, aos meus colegas que me obrigaram a confiar mais em mim mesmo, a ter coragem também, que superei a maior parte das pedras que tinham ficado pelo caminho.

Ali eu aprendi, além de valores e lições para toda a vida, que nós também temos que saber burlar algumas regras, desconfiar das convenções, se indignar com a opressão que parece normal, mas não é. Às vezes, temos mesmo é que cortar o que nos prende ao chão, cortar os laços do passado que limitam o nosso voo, que cortam as nossas asas. E acima de tudo, temos que ir à luta.

20. Um Príncipe no lixo

ESTAVA DADA A LARGADA. DEPOIS do empurrão da Valéria, do apoio do Nanko, das viagens pelo movimento, da passagem pelo "Jovens" e do amplo horizonte que ele me abriu, estava na hora de dar mais um passo, que a estrada já estava ficando pequena para a minha vontade de crescer.

Para completar, o Nanko sempre vinha me instigar a mais um novo desafio:

– O que você acha de fazer vestibular?

A ideia era maravilhosa. Claro que eu queria continuar estudando. Depois do "Jovens", mais do que nunca. Mas ainda tinha o ensino médio todinho pela frente. E sabia que para passar precisava ter uma formação decente.

Esse não era bem um problema. O Ibiss tinha um projeto chamado "Nosso Futuro", que financiava o estudo de jovens como eu, que desejavam aprender, mas não podiam pagar por um ensino de qualidade. O Nanko ia investir, mais uma vez. Era hora de voltar para o colégio –

desta vez, particular – e retomar o que estava pendente. Eu e a Nonô, de novo juntos.

Mais ou menos na mesma época, como legado do "Jovens Lideranças", conhecemos um grupo de intercambistas do Canadá, deviam ter a minha idade. Eles faziam parte de um programa internacional parceiro do Ibiss na época, o "Schools Without Borders" (ou "Escolas sem Fronteiras"), que apoiava jovens lideranças do Brasil e de outros países, e passaram uns dias em Gramacho para acompanhar a nossa rotina. Lembro-me de um dia, eles lá em casa, nós sem grana para o almoço, caiu um caminhão de frango Ricca, o tal "podrão". Foi a nossa sorte, e a Nonô fez frango ensopado, todo mundo comeu feliz da vida.

Na época, queríamos fazer um vídeo bacana sobre Gramacho, sobre a nossa vida lá no lixão, que as pessoas não tinham muito conhecimento, só os preconceitos de sempre. Acabou que aquele documentário *Estamira*, muito bom por sinal, sobre uma senhora com distúrbios mentais que vivia no aterro, tinha, sem querer, reforçado velhos estereótipos – e queríamos mostrar que no aterro há um mundo de gente, que não éramos todos iguais. Explicamos nossa ideia ao Andrew, o único que falava português do grupo, e eles deixaram duas câmeras conosco. Fizemos várias imagens – um dia inteiro de trabalho no lixão, várias tomadas –, mas depois o pessoal se dispersou, não conseguíamos editá-las, foi um verdadeiro caos. Para não ficarmos frustrados, fizemos um minivídeo de quatro minutos, o Andrew editou, e postamos no YouTube. Se não tinha dado para fazer o trabalho que esperávamos, pelo menos tínhamos ali um "recorte" da nossa história, disponível se um dia alguém quisesse ver.

E assim as oportunidades, dando certo ou meio certo, não paravam de bater à minha porta. O tempo corria, e eu dizia "sim" para todas, estava empolgado como nunca. Meu sonho era fazer da cooperativa um movimento enorme, com todos os catadores envolvidos, com a mesma força do movimento que eu tinha conhecido na viagem. Para mim, aquele era o modelo, só precisávamos segui-lo.

Comecei a reunir meus amigos do aterro, todo dia chamava mais um. Falava da mobilização, que nós tínhamos que nos mexer se quiséssemos chegar a algum lugar, tínhamos que gritar se quiséssemos ser ouvidos. Que precisávamos nos unir para pedir o que quer que fosse – e que tínhamos direitos, sim, que merecíamos respeito, sim. Só que nada cairia do céu, era preciso correr atrás.

Mas não seria fácil convencê-los. Meu desabafo com o PJ na última aula, sobre a dificuldade de os outros entenderem minha luta, era sincero e ao mesmo tempo angustiante. Aquele sonho que eu via como "nosso" ainda era só "meu".

E tinha mais. Várias questões com que a cooperativa se comprometera ainda não haviam – mesmo quatro anos mais tarde – saído do papel. Era 2000, e ainda esperávamos sentados pela construção de um novo galpão para acolher os novos cooperados, por mais equipamentos, mais dignidade, mais inclusão. Nossa sensação era de que eles tinham cruzado os braços, acreditando que assim fôssemos nos dispersar e, com o tempo, nos esquecer de nós mesmos.

Mas eu não ia me esquecer nunca, porque o que havia ali era um verdadeiro *apartheid*. Só era respeitado quem tinha o colete laranja, distribuído pela Comlurb na época do cadastramento, lá em 1996. Os outros mil (sim, mil!) catadores que chegaram depois seguiam completamente desamparados, à mercê da boa vontade dos donos dos depósitos para quem trabalhavam e a quem deviam servir, completamente subordinados àquela dinâmica abusiva.

Sem alguém que se responsabilizasse por eles, acabavam explorados pelos depósitos – que lhes pagavam o que bem entendiam, quando bem entendiam. A realidade desses novos catadores era cruel, quase uma escravidão, e ninguém podia – ou não queria – fazer nada.

A cooperativa deixou muito a desejar, é verdade, mas se teve uma coisa de valor que ela nos deu – na verdade, nos devolveu – foi a nossa dignidade. Ganhamos respeito enquanto categoria, tudo porque nos organizamos. Dentro da cooperativa, guarda não espancava catador, não roubava coisa dele, não abusava do poder. Na rampa, sim, acontecia de tudo. Porque na rampa nós éramos solitários – e na cooperativa virávamos conjunto. Mesmo assim, esse respeito todo só valia para alguns de nós.

No aterro, a violência seguia impune – e não escolhia hora, lugar, nem situação apropriada. Uma tarde, eu voltando do trabalho, a Clara tinha meses, o pessoal me ligou da rampa. Estavam precisando de ajuda, que eu fosse correndo até lá. Quando cheguei, mal consegui olhar: um menino recém-nascido foi achado morto numa sacola, a cabeça estourada pelo caminhão compactador. Meu coração apertou de um jeito estranho. Só conseguia pensar na Clara.

Na rampa, por maior que fosse a tragédia, nunca era novidade. Mas, na cooperativa, aí já era demais. Uma tarde, eu enfardando os materiais dentro da cooperativa, vi chegar um pessoal estranho atrás do Luciano, um amigo que resolveu abandonar tudo e entrar para o tráfico. Em pouco tempo, já era o gerente da boca – mas era também muito viciado. E no caso dele, o vício falou mais alto que os negócios. Por isso, agora ele estava na mira de um dos chefões.

Eles entraram no galpão sem a menor cerimônia, procurando pelo Luciano. Vi quando um deles jogou um punhado de pó sobre uma revista, outro punhado em outra, e pediu:

– Você que conhece, vê se é igual.

O outro levou o pó até a boca, balançou a cabeça. O Luciano tinha cometido um erro grave – enganado os caras lá de cima, dado um desfalque e tentado compensar misturando qualquer coisa ao pó. Ele tinha vacilado e, nesse meio, quem vacila não tem perdão. E a sentença dele já estava decidida.

Quando ele finalmente apareceu – ele costumava ir à cooperativa às vezes –, começaram a interrogá-lo, eu ali do lado. Ele desconversou, tentou se desvencilhar, até que um deles veio por trás com uma barra de ferro, direto na cabeça dele. Só vi o sangue escorrendo embaixo dos fardos de PET. Tinham matado o cara ali, dentro da cooperativa, praticamente na minha frente. Depois, soubemos que o arrastaram até o muro, ainda deu para ouvir. Doze tiros. E se livraram do corpo num valão.

Apesar de tudo – da resistência dos meus companheiros e dos absurdos que se repetiam mesmo depois de tanta promessa –, eu seguia firme, e ainda mais comprometido com a luta. Se ainda tinha tanto problema, aí é que a nossa presença, lutando, incomodando, pedindo, gritando, se tornava realmente necessária.

A insistência foi tanta que, depois de um tempo, alguns amigos começaram a se sensibilizar. Participavam das reuniões, das manifestações na subida da rampa, das reivindicações por mais respeito à nossa profissão. Queríamos um novo galpão, mas principalmente que todos os catadores fossem igualmente respeitados. Queríamos o mínimo, é bem verdade, mas nem isso eles pareciam dispostos a dar.

E aí veio a retaliação. A cada gracinha que eu fazia – tipo fechar a rampa para manifestação –, eles descontavam na cooperativa. Deixavam de propósito a esteira quebrada, às vezes por duas, três semanas, o pessoal sem poder trabalhar. Prejuízo, medo, caos. E os catadores, com certa razão, já estavam começando a ter raiva de mim.

– Você não pode fazer nada aqui dentro – vinham me dizer –. Isso não é espaço seu, é da Comlurb.

Ali não tinha mesmo espaço nenhum para mudança, muito menos para alguém como eu. Devíamos todos dançar conforme a música, e olhe lá. Por mais que me mexesse, no fundo eu estava era de mãos atadas, com os pés fincados ao chão, completamente inerte. Dentro de mim, vivia um dilema: agora que tinha conhecimento para pensar, capacidade para fazer, potencial para conduzir aquela mudança, não podia dar um passo sequer, porque havia alguém lá em cima me impedindo de andar.

Eu me via numa encruzilhada, ainda sem saber para onde ir. Comecei a sofrer ameaças, eu e a minha família. Que eu deveria me afastar do aterro, parar com aquela luta descabida, que aquilo não me levaria a lugar nenhum – isso na melhor das hipóteses, caso contrário teria um destino pior. Minha mãe também começou a receber uns recados estranhos, a mando das empresas que se sentiam incomodadas. Eu já estava começando a ficar psicótico. Toda noite, agradecia a Deus – "mais um dia" –, como se fosse um milagre ainda estar vivo.

Daquele jeito, não dava para continuar. Já estava revendo meu envolvimento naquela luta quando veio a gota d'água. Era fim de tarde, eu mal tinha chegado à cooperativa e o chefe da segurança na época, catador há mais de 20 anos, já tinha até trabalhado comigo, veio dizer:

– Tão te esperando na sala de segurança. É pra uma reunião, só falta você.

Quando entrei na sala, não tinha ninguém. Eles me mandaram entrar no banheiro. Lá havia uns dez caras, alguns ex-catadores também, três ou quatro me conheciam. Eles iam me matar, dar um sumiço, era o que estava no *script* dos chefões. Tentei argumentar, que era a única arma que me restava. Perguntei como é que podiam ficar do lado daquele cara, que tinha sido catador e hoje nos tratava feito capitães do mato. Nos perseguia, humilhava. Eles concordaram.

– Se existe algum traíra é ele – insisti. – E se ele faz isso comigo, pode muito bem fazer com vocês também.

Eu não podia acreditar que tinham tramado aquilo. Estavam tentando me colocar contra os meus próprios companheiros. Os caras me ouviram, parte surpresos, parte assustados. Não sei se pela amizade, se por medo, só sei que não tiveram coragem de fazer nada físico contra mim. Mas estava claro que eu teria que sair de cena:

– Então você some até as coisas esfriarem.

De lá, eu já saí fugido, me escondendo feito bandido, para não morrer. Fui com a roupa do corpo, não pude nem passar em casa, falar com a Nonô, dar um beijo na Clara. De um dia para o outro, sem razão ou justiça, eu estava expulso da minha comunidade.

Minha sorte foi que a Regina, que cuidava da administração e era nossa amiga, notou alguma coisa estranha e foi atrás. Ligou para a Valéria, que se comunicou com o Nanko. Ele conhecia não sei quantas comunidades por causa dos projetos sociais que tocava, trocando ideia com polícia, bandido, respeitado por onde passasse. Descobriu que, junto com as empresas do aterro, tinha traficante aliado, justamente para fazer o serviço sujo.

Eu já estava na rua, fugido, quando recebi uma ligação do Nanko. Ele tinha contratado um advogado, pediu que eu ficasse um tempo num sítio dele em Marambaia. Fui a pé até o Carrefour, desviando por entre as ruas para despistar, e fiquei no tal sítio esperando a poeira baixar.

No décimo quinto dia de "refúgio", recebi uma ligação. De um conhecido do Nanko, influente na comunidade. O Nanko tinha explicado a ele que eu estava fazendo um trabalho bonito em Gramacho. Eu já podia voltar para casa.

A volta foi ainda mais demorada que a ida. Tive que andar por quatro horas, porque não tinha dinheiro para pegar um ônibus. Já em frente ao Carrefour, vi de longe um rosto amigo. Estava são e salvo.

Ou não. Mesmo de volta, nada seria como antes. Sem a luta que movia minha vida, tudo parecia vazio. Seguia para baixo, sem força, sem nenhuma perspectiva. A sensação é que tinha lutado em vão. Que, independente do que fizesse, nada mudaria. Foi quando a Valéria teve a ideia do mapa, a Vera falou daquelas viagens malucas, os astros, a mudança – e eu saí de lá ainda mais descrente da vida e do mundo.

Mas, não, nem tudo estava perdido. Uns dias depois, eu ainda irado, andando pela rampa meio sem rumo, tive meu primeiro encontro com um cara incrível, que se tornaria um grande amigo e conselheiro. Tinha acabado de encontrar meu amigo Zumbi terminando de juntar suas lonas. O Zumbi gostava de ler, guardava todos os livros que achava no aterro, já tinha quase uma biblioteca. Perto de uma das lonas, jogado no chão um pouco mais longe, um livro bonito – embora maltratado – me chamou a atenção. Na capa, um cara seboso, imponente. Achei curioso, e peguei para ver: "*O Príncipe*, de Maquiavel".

Na época, eu não lia, não tinha o costume, mas por algum motivo gostei daquele tal Maquiavel. Não sei se foi a capa, aquela figura altiva. Só que o livro estava todo amassado, meio sujo, era água de chuva, lixo, tudo junto. Resolvi guardá-lo num saco, dobradinho. Ainda tinha esperança de salvá-lo.

Cheguei em casa, tirei o livro do saco e o coloquei para secar atrás da geladeira. Ele ficou lá por cinco dias. Quando secou, ficou todo aberto, parecia cabelo de mulher quando fica arrepiado. Para esticar, não tinha outro jeito: só passando a ferro – e até que resolveu um pouco, mas ainda não estava pronto. Precisava deixá-lo um tempo debaixo de outros pesos, para ficar retinho. Mais uns dias depois, nem parecia o mesmo. Ao fim desse ritual, só estava faltando uma coisa: ler!

Bendito Maquiavel. Enquanto lia, eu percebia que aquele mundo do livro era exatamente igual ao mundo em que eu vivia. E tentava trazer a Florença de Maquiavel para a "minha Florença", fazendo uma ligação meio louca, mas totalmente lógica, entre a realidade que ele descrevia, num contexto europeu, quase cinco séculos atrás, e a minha, do Rio de Janeiro, de Jardim Gramacho. Afinal, se cada *condottieri*[13] tinha seu feudo, com suas regras particulares, a mesma coisa acontecia – e acontece ainda hoje – no Rio de Janeiro: cada favela, uma facção; cada facção, suas regras. Florença em guerra, o Rio em guerra – Gramacho em guerra. O poder, o medo, a traição. Era o meu mundo, o meu momento, transbordando do livro do Maquiavel, vindo inundar as minhas ideias.

Então eu entendi. Se eu estava vivendo aquela fase complicada, de perseguições, incompreensões, era porque tinha escolhido aquele caminho para mim. Era o poder. Era o preço. O preço do poder. O preço da liderança.

Depois disso, não tinha mais o que pensar. Estava decidido: naquele momento, era hora de sair de cena. Eu não cabia mais ali. Já não me reconhecia, não me identificava. Era hora de mudar, de romper com aquele passado opressor. Eu tinha que explodir, tinha que crescer, e precisava de espaço para isso. Então larguei tudo e fui embora. Tinha sido reeleito vice-presidente da cooperativa, mas já não fazia sentido ficar, e abandonei o cargo. Sempre achei, e continuo achando, que o nosso trabalho enquanto cooperativa de catadores ia muito além de triar, catar e receber apoio da Comlurb.

Sem a cooperativa, fiquei sem trabalho, vivendo às custas da Nonô. Foi uma fase complicada, que me desafiava todos os dias, como que testando a minha decisão. Uns meses depois, ela foi demitida, e nós passamos a viver de seguro-desemprego, 350 reais por mês, com filha

13 Expressão italiana dos séculos XV e XVI que designava os mercenários que controlavam uma milícia por meio de contratos com o Estado. O grupo surgiu em decorrência das constantes guerras que havia na Toscana e outras regiões do país na época.

pequena, com contas e sonhos. O dinheiro acabou, foi aquele perrengue, mas fazia parte do sacrifício.

Era hora de dar um novo salto, de abrir outras portas. Eu ainda não sabia onde, nem como, nem quando isso aconteceria. Com Maquiavel como livro de cabeceira, decidi esperar. E não demoraria muito para que algo acontecesse.

21. Uma associação para chamar de nossa

Toda semana, eu e minha família nos reuníamos num bar lá perto de casa. Nós bebíamos, discutíamos política, nos lembrávamos da cooperativa, de tudo o que já tínhamos feito – e do que ainda poderíamos fazer. No bar, podíamos falar alto, xingar, gritar, sem medo de incomodar o vizinho do lado. Até que um dia, todo mundo lá sentado, resolvendo os problemas do mundo e nossos, alguém perguntou:

– Nos reúne direto aqui, discutimos várias coisas, e tudo isso pra quê?

– É mesmo, nós tínhamos que fundar alguma coisa! – sugeriu Glória.

Assim que saiu da Coopergramacho, uns anos antes, minha mãe tinha tentado fundar outra cooperativa, mas disseram a ela que não podia, que ali em Gramacho não tinha espaço. E acabaram convencendo os outros catadores de que uma nova cooperativa não os ajudaria, que a "concorrência" seria ruim para todo mundo. Na verdade, o que as empresas que administravam o aterro queriam era nos manter desorganizados, porque juntos éramos fortes, e já tinham notado isso.

– Mas alguma coisa nós vamos ter que criar – o pessoal insistia.

Havia um quê de preocupação no ar. Na época, rondava o boato de que, em no máximo um ano, o aterro fecharia. Enquanto isso, não víamos nada, nenhuma política de transição sendo planejada para nos manter de algum modo integrados ao processo de reciclagem – atividade que nos restaria na ausência do aterro.

Algumas boemias depois, acabamos decidindo. Fundaríamos uma associação. Era o ano de 2004 quando tivemos a ideia e, do jeito que dava, começamos a nos organizar.

Eu, a Glória e mais ou menos dez amigos catadores decidimos colocar a mão na massa, todos movidos por uma ambição política. Mais do que reciclar, como fazia a cooperativa, passaríamos a olhar para os catadores como sujeitos, com direitos e sonhos, e sobretudo com necessidades urgentes. Afinal, estávamos livres dos interesses dos outros para firmar os nossos próprios interesses, tínhamos autonomia para fazer valer as nossas próprias perspectivas. Nossa associação, que ainda não tinha nome, nascia de dentro para fora, engajada, ambiciosa, apaixonada.

E cuidávamos de tudo com amor. O estatuto mesmo foi feito dentro da minha casa, junto com o meu pai. Ele tinha uma veia política forte, de esquerda. Como meu avô Agostinho, meu pai também tinha sido um líder no cais, à frente de 25 mil homens. E era também um estrategista – não partidário, mas de articulações –, me ajudava sempre, e com tudo o que eu pedia.

– Esse moleque tem futuro – disse a um amigo, e fiquei todo feliz.

A nossa aproximação tinha me dado abertura para contar a ele meus sonhos, de vida e de trabalho, diante do que retribuía com sua experiência de vida.

Apesar das teorias que nos moviam, a prática da associação não foi assim tão romântica. Ao contrário, foi realista em todos os sentidos. O que nos sobrava de vontade faltava de estrutura, principalmente financeira. Trabalhávamos de graça, era tudo improvisado, não tínhamos um espaço próprio e passamos quase dois anos migrando de "sede" – do Bar do Gringo para a salinha de uma igreja, depois para o galpão de uma escola –, o pessoal ajudava como podia, nos reuníamos como e onde dava. Sem falar que pouca gente botava fé naquele sonho, mesmo entre os catadores. Pouca gente aparecia para as reuniões, ninguém acreditava que aqueles doze amigos loucos um dia ergueriam alguma coisa real.

Então fomos para a rua. Precisávamos convencê-los de que não éramos tão loucos assim, ou, ainda que fôssemos, que nossa loucura talvez fosse o único remédio para aquela doença crônica da resignação. E como nossa maior barreira eram os medos e preconceitos dos próprios catadores, decidimos, então, que nossa primeira grande assembleia tinha que falar sobre nós mesmos. Se queríamos ser reconhecidos e respeitados, tínhamos primeiro que nos conhecer, entender quem éramos para além do aterro que nos dissolvia, que às vezes anulava a nossa identidade. Pedi ajuda ao Nanko para bancar aquele projeto, que tinha chance de ser o pontapé para muitos outros.

Em março de 2005, nosso evento estava de pé. Na faixa de entrada, o tema daquele encontro, para derrubar de vez os velhos mitos: "Encontro dos Catadores de Jardim Gramacho: quem somos e o que queremos". Embaixo, o slogan: "Somos todos catadores". Nossa ideia era conscientizá-los de que éramos catadores – e não lixo –, e também acabar com aquela segregação alimentada pela cooperativa, lutando pelos direitos de todos, independente de vestirem ou não um colete. Para o ciclo de palestras, convidamos a Valéria, o PJ, gente do Movimento Nacional de Catadores, alguns professores do "Jovens".

Deu certo. O pessoal passou a nos olhar com outros olhos – e também a se ver de um jeito diferente. Mas é claro que ainda tivemos que brigar um bocado. Toda pequenina conquista era dolorosa, feita de desgaste, gritos e sacrifícios.

Finalmente, começamos a incomodar – e a chamar a atenção. Um dia, apareceu um jornal para nos entrevistar, depois outro, e mais outro. Era o nosso momento, mas ainda estávamos um pouco desorganizados. Cada hora era um respondendo pela associação, às vezes as informações se desencontravam, e isso poderia desgastar a nossa imagem. Resolvemos que bastaria um único representante para falar pela associação, uma espécie de porta-voz que responderia sempre por ela.

– O Tião é o que fala melhor, e é o mais simpático – disse um.

– É, ele é o mais exibido, sempre gostou de aparecer mesmo – disse outro.

Mas acho que o principal, o que talvez tenha sido decisivo para o grupo bater o martelo, foi uma coisa que a Glória disse:

– O Tião tem uma vantagem sobre nós que é conseguir consenso em situações muito diversas, de colocar todo mundo sentado na mesma mesa.

Era verdade. Não sei como, mas eu conseguia. Na hora, lembrei daquela fala do PJ sobre mediar a tensão entre "dois mundos" – os dois mundos que eu sabia que existiam, ainda que só me reconhecesse num deles.

Uma vez eleito para representar o nosso grupo, comecei a treinar. Treinar o que falar, como falar, como olhar para a câmera. Quando eu não era o porta-voz, eu não tinha esse medo, mas depois passei a ter, não um medo, mas como que uma preocupação. Uma preocupação que só a responsabilidade nos traz.

A primeira vez que fui a um estúdio, lembro que fiquei olhando para o alto, para todos os lados, que tudo me chamava a atenção. Aí me falaram:

– Você tem que olhar pra câmera – e assim fui aprendendo, cada experiência contribuindo com uma dica a mais.

E à frente da associação, aí é que as mobilizações não pararam nunca. Vencida a etapa da conscientização dos catadores, tínhamos um novo alvo: o governo, a Prefeitura, aqueles que nos representavam lá em cima. Passamos a organizar passeatas, fazer pequenos – e depois maiores – protestos. Eu sempre na dianteira, dando a cara a tapa, me expondo de todas as maneiras possíveis. Os meus professores tinham me ensinado a "burlar o sistema", a não me deixar enganar por um copo de café e um tapinha nas costas. Então eu fui "criado" para isso. E estava sempre amparado por amigos maravilhosos – como Seu Valter, Gordinho (Alexandre), minha irmã Glória, Zumbi (José Carlos), João, Ana Carla, Ninho

–, a melhor equipe que poderia ter, engajada, dedicada, ciente da missão bonita que tinha nas mãos.

Em 2005, começou uma briga política feia entre os prefeitos César Maia, do Rio, e Washington Reis, de Duque de Caxias. Por duas semanas, o aterro fechava e abria, à mercê de liminares movidas a interesses políticos. Depois de arcar por mais de 20 anos sozinha com o impacto ambiental do aterro – destino do lixo também de outros municípios do Rio –, Caxias decidiu que passaria a cobrar uma taxa de compensação ambiental de até 50 reais por carreta que descarregasse lixo no local. A Comlurb, que não concordou com a medida, conseguiu uma liminar suspendendo o pedágio – mas, não demorou muito, foi a vez de Caxias obter uma decisão favorável. O problema é que a cada decisão judicial o aterro fechava, para reabrir em seguida, entre batalhas de liminares, e um abre e fecha sem fim.

Estava iniciada a guerra do lixo, como o embate ficou conhecido na mídia. O aterro fechou por quase 15 dias, os catadores prejudicados por uma briga que não estava nem aí para nós – muito menos para o nosso futuro. Tínhamos que mostrar que, para além dos interesses políticos, havia vidas em jogo. Reunimos nossos amigos e fizemos uma grande manifestação. Uma verdadeira marcha, com direito a cartazes e carro de som, que pegamos emprestados dos sindicatos.

À frente, carregávamos a faixa: "O Bush carioca quer matar 15 mil pessoas de fome". Na época, 2005, o Bush estava na mira de críticas do mundo todo por causa dos ataques ao Afeganistão e ao Iraque, pela forma anti-humanista como conduzia suas decisões políticas. Eu sabia que precisávamos chamar a atenção de algum modo, que aquela passeata tinha que repercutir. E só tinha uma maneira. Estrategicamente inspirado por Maquiavel, bolei a frase – e conseguimos a atenção. Tanto que, nos jornais da época, "Bush carioca" virou quase o segundo nome do prefeito do Rio.

No dia seguinte, vieram bater na nossa porta – na verdade, na porta da sede ainda improvisada da associação. Os repórteres queriam entender melhor aquela mobilização toda, conhecer também o nosso lado. A ideia do "Bush carioca" começava a dar frutos.

– Quem é o líder? – já chegaram perguntando.

Era eu que deveria atendê-los. Já tinha elaborado meu discurso, mas principalmente ponderado o peso que as minhas palavras poderiam ter. Tinha chegado a nossa chance de mostrar, com seriedade, o lado de cá de uma história que se arrastava na mídia expondo só o outro lado, seus argumentos e suas questões. Com calma, expliquei que estávamos lutando acima de tudo por respeito, que, independente daquela briga específica, um dia o aterro ia fechar e precisávamos de políticas públicas para essa transição, um plano de ação que previsse um fundo para indenizações, capacitação para os catadores etc. Porque por trás da nossa faixa, por trás da nossa briga, tinha trabalhador honesto, pai de família. E era isso que nós queríamos que os outros vissem.

E viram. Agora eu tinha que aproveitar o momento e correr atrás de apoio, de todos os lados. Pedi ajuda ao Nanko e embarquei para Brasília. Como líder, eu tinha que negociar, e me arriscava a ir beber direto da fonte. Assim mesmo, na cara de pau, sem medo de ouvir não. Não sei explicar como, de onde vinha a coragem, ou a sem-vergonhice, mas o fato é que, quando precisavam de mim, eu ia, fazia e acontecia. Nunca me vi com barreiras. E, claro, tinha todo o respaldo do Nanko, da Valéria e do PJ.

Ouvi alguns "nãos", claro. Mas ouvi um "sim" também. Foi quando me encontrei com a então secretária nacional do XXXXXXX, XXXXXXXX. Expliquei a nossa situação – a perspectiva de fechamento do aterro, a necessidade de um polo de reciclagem, a ausência de um plano de transição do governo –, e ela me disse que, sim, havia uma verba, que estava inclusive para ser devolvida. O motivo: estava parada havia cinco anos. Conversamos um tempão, pedi a ela para segurar a tal verba, que nosso projeto era sério e precisávamos do dinheiro. Ela topou, mas tinha uma condição:

– Posso até segurar por mais um ano, mas enquanto isso você vai ter que lutar pelos seus direitos.

Era a hora da verdade. Mais do que nunca, tínhamos que regularizar a situação da associação para poder receber qualquer verba. De volta ao Rio, comecei as mobilizações na Comlurb. Reunimos os catadores, chamamos para a luta, explicamos que precisávamos deles, que se engajassem mais, que apoiassem. Pela primeira vez, estávamos perto de uma conquista concreta. Em julho de 2005, organizamos o I Encontro dos Catadores da Baixada Fluminense, que aconteceu na Unigranrio (Unidade Duque de Caxias). E, ainda naquele ano, vários outros eventos: o Mutirão da Cidadania, a Mobilização da Comunidade de Jardim Gramacho, o I Encontro Interestadual de Catadores. Sempre pensando mais longe que as nossas pernas podiam alcançar, quem sabe assim chegávamos (ainda) mais adiante.

Mas ainda faltava uma coisinha:

– Nanko, nós vamos precisar de outra ajuda.

A essa altura, o Nanko e eu já tínhamos um relacionamento mais estreito, de intimidade mesmo, coisa de pai e filho – ainda que ele nunca deixasse de lado a velha pose de durão, afeto contido, emoção na medida. Seu jeito de dizer que gostava era se exaltando para reclamar, às vezes cuspindo uns palavrões que tinha aprendido em português. Mas eu já estava acostumado.

– Nanko, nós precisamos de uma sede – pedi.

De repente, a coisa estava tomando uma proporção maior do que esperávamos no início, o que era maravilhoso, mas ao mesmo tempo nos exigia mais pernas, mais braços, mais estrutura mesmo, já que a nossa seguia capenga. Depois dos xingamentos de praxe, ele mais do que nunca estava disposto a nos apoiar:

– Quero só ver se isso vai dar resultado!

De novo, o Nanko ajudou. Foi, na verdade, o primeiro a acreditar no nosso sonho, que graças a ele começou a tomar forma. E estava sempre apoiando quem pedisse, quem ele via que se esforçava – como fez com outros catadores, de Gramacho e de outras comunidades. Para ele, era quase uma missão nos dar aquela oportunidade. Ele estendia a mão no início, bem como pregava o Ibiss, na perspectiva de que um dia pudéssemos voar com as próprias asas.

Com o suporte dele, alugamos uma casa na rua Almirante Midosi, em Gramacho, mais ou menos perto de onde eu morava. Era a nossa nova sede, uma casinha de três cômodos e um banheiro onde finalmente poderíamos nos reunir toda semana. Eles ainda nos ajudavam a pagar luz e telefone. Tiramos CNPJ, certidão disso e daquilo, e nos tornamos, oficialmente, a Associação dos Catadores do Aterro Metropolitano de Jardim Gramacho (ACAMJG), da qual eu me tornava também o presidente. Com mais responsabilidades, mais cobranças e muito, muito mais trabalho pela frente.

Em 2006, a associação começava a dar certo. Nossa missão agora era fazer a contagem dos catadores, incluindo também os deixados de lado pela cooperativa. E depois partir para a ficha de filiação daqueles que quisessem integrar a associação, ajudando a regularizar os documentos de todos. Nossa equipe se revezava na sede, tudo para não deixar catador nenhum sem atendimento.

Tudo ia se encaixando. Com a associação regularizada, podíamos receber verba, podíamos fazer parcerias. Depois dos meses de luta, conseguimos a tal da verba. Tinha chegado a hora de erguer o nosso polo.

Mas a briga não parou – pelo contrário. Ainda tinha a manifestação por terreno, o protesto por caminhão, as passeatas pelas políticas públicas. Nada foi conquistado facilmente. De 15 em 15 dias, nós fazíamos nova mobilização no bairro, uma assembleia aqui, outra ali – e eventualmente sofríamos ameaças. De político, comprador, catador.

Mas nada disso nos amedrontava, e seguíamos firme na luta – era natural desagradar alguns, isso também fazia parte do jogo. Porque assumir uma liderança, como aprendi com Maquiavel, traz também consequências.

Com a associação mais estruturada, mais gente se juntou a ela. Minhas irmãs mesmo, Claudeci e Cláudia, depois de um tempo foram trabalhar conosco. E o nosso movimento ali no aterro, livre de qualquer influência da Comlurb, totalmente independente, inspirou também outros catadores na criação de outras frentes. Tanto que, a partir de 2006, foram surgindo devagarzinho outras cooperativas, agora ligadas à ACAMJG e com propósitos bem diferentes do que movia a Coopergramacho.

Hoje em dia é fácil falar da associação porque ela existe, tem forma. Ensaiou os primeiros passos, tropeçou e se ergueu até caminhar sozinha. Mas quando a nossa sede era na favela, não existia nada físico, as pessoas ficavam debochando, desfazendo do sonho, zombando da luta.

– Olha lá, bando de maluco – era o que nós mais ouvíamos.

Nada como o tempo – e a persistência – para responder a eles. Pois ainda bem que fomos malucos, loucos, pirados, doidos varridos. Não fosse nossa loucura, nosso atrevimento, nosso desrespeito às leis do mais forte, ainda estaríamos no mesmo lugar. Mas andamos. E mudamos. Como na frase que ouvi dia desses de um "louco" chamado Steve Jobs. Diz assim:

> **"Isso é para os loucos. Os desajustados. Os rebeldes. Os encrenqueiros. Os pinos redondos em buracos quadrados. Os que enxergam as coisas de um jeito diferente. Eles não gostam muito de regras. Eles não respeitam o *status quo*.**
> **Pode-se citá-los, discordar deles, exaltá-los ou difamá-los.**
> **A única coisa que não se pode fazer é ignorá-los. Porque eles mudam as coisas. Eles empurram a raça humana para a frente.**
> **Enquanto alguns os veem como loucos, nós os vemos como gênios.**
> **Porque as pessoas que são loucas o suficiente para achar que podem mudar o mundo são as que, de fato, mudam".[14]**

E ele tinha razão.

14 Retirado do vídeo "Apple (unreleased) Think Different ad – Narrated by Steve Jobs (1997)" (https://www.youtube.com/watch?v=Rzu6zeLSWq8), desenvolvido para uma campanha publicitária da empresa.

Parte IV

22. Pena de urubu

Sempre ouvi dizer que pena de urubu dava sorte. Eu nunca liguei muito, é verdade, os "velhos" é que levavam essas histórias mais a sério. Vira e mexe, aparecia gente lá no aterro atrás das tais penas pretas, alguns dispostos a comprá-las e tudo, as mães de santo dizendo que funcionavam como amuleto, que sem elas "trabalho" nenhum dava certo. Eu até acreditava, mas nunca tinha visto nada acontecer por causa delas. Pelo menos até aquela tarde quente em 2007.

Eu, o Vik e o Fabio subíamos a rampa debaixo do sol forte das três horas. Aquela já era a terceira visita, mas os dois ainda estranhavam os urubus, as sobras se amontoando, as centenas de pessoas correndo atrás de trator para tentar a sorte – outro tipo dela. Pisavam o lixo com cautela e de algum modo contemplavam, como artistas que eram, aquele cenário politicamente incorreto.

O Vik de quem falo é o Vik Muniz, um dos artistas plásticos brasileiros mais respeitados do Brasil e do mundo, que acabou indo parar no aterro parte pelo acaso, parte pela nossa vontade – dele, mas também minha e dos meus companheiros – de pensar e fazer diferente.

Desde o fim dos anos 1990, ele passou a "testar" novas matérias-primas, na intenção de reconstruir – e também desconstruir – suas obras. Seu primeiro trabalho mais inovador tinha sido a série "Crianças do Açúcar", pela qual acabou convidado a expor no Museu de Arte Moderna de Nova Iorque (MoMa) e um dos mais importantes do mundo. Ele tinha acabado de fotografar os filhos de operários de uma plantação de cana no Caribe quando se pegou tentando entender o que, afinal, separava aquelas crianças tão alegres dos adultos que provavelmente se tornariam – como seus pais, *amargos*, maltratados pelo trabalho pesado. A resposta era singela: com o passar do tempo, eles iam perdendo a *doçura* da infância. Depois disso, o Vik entendeu que havia um jeito ainda melhor de representar aquelas crianças, e decidiu reproduzir seus retratos, um a um, com *açúcar* de verdade, contornando e preenchendo as imagens com o "novo material". Uma maneira de mantê-los *doces* pelo menos naquelas imagens.

Mais de dez anos depois, em 2007, ainda movido pela ideia dos "materiais inovadores" – mas também por outra, que descobriríamos mais adiante –, ele se deparou com um pequeno vídeo no YouTube. Nele, um grupo de catadores filmava sua rotina num dos maiores aterros do mundo. O grupo éramos nós. O minivídeo era o tal "documentário" que não soubemos editar e acabamos postando pequenino mesmo, com uma ponta de frustração e a esperança de que um dia alguém se interessasse por ele. Sem jamais sonhar, é claro, que aqueles três minutos da nossa história fossem cair, justamente, nas mãos de quem caiu.

O cara que havia reproduzido os retratos dos meninos no canavial a partir de açúcar agora tinha um plano parecido para nós: reproduzir imagens de nós, catadores de Gramacho, a partir do lixo. Transformar resto em arte, mas também mudar a nossa realidade, de repente refazê-la – e usando para isso um material teoricamente sem uso, mas, ainda assim, o material com que lidávamos todos os dias.

– Eu quero tirar as pessoas, nem que seja por poucos minutos, do lugar onde elas estão. Entender como a arte pode mudar suas vidas – disse um dia.

Pois na tal tarde quente em que andávamos pelo aterro, eu, o Vik e o Fabio, seu companheiro de trabalho, era para encontrar a melhor locação para a foto do Zumbi, o meu amigo dos livros – que tinha sido escolhido, com mais quatro amigos nossos, para ser retratado. E não seria um retrato qualquer: cada catador reproduziria um quadro famoso, mas que ao mesmo tempo contasse um pouco da sua própria história de vida. O Zumbi faria "O Semeador", pintado em 1850 por um francês, Jean-François Millet, e reproduzido por Van Gogh anos mais tarde. Nele, um camponês lança suas sementes ao vento – como de certo modo o próprio Zumbi fazia por meio das suas leituras, do jeito bonito dele.

Como presidente da ACAMJG, eu tinha a "missão" de ajudá-los no que fosse preciso, guiando-os dentro do aterro, ou mesmo fazendo a ponte entre o Vik e os catadores. Até porque, enquanto realizavam o trabalho de campo na rampa, tudo era documentado por uma equipe grande de cinegrafistas, produtores, assistentes disso e daquilo. Talvez eu até gravasse um depoimento depois, falando sobre liderança, explicando meu papel à frente da associação dos catadores. Mas, não, eu não estava cotado para tirar foto.

Foi aí que os planos sabe-se lá de quem começaram a mudar. Nós procurávamos o lugar ideal para a foto do Zumbi, um cenário silencioso e "limpo", a quantidade perfeita de luz, de sombra, de vento e tudo o mais, quando eu encontrei uma... pena. Uma pena de urubu, a tal que diziam que dava sorte, escondida debaixo de umas sacolas velhas. E a entreguei ao Fábio, como um presente.

– Uma pena, Tião? – ele estranhou.

– É de urubu, dizem que dá sorte – expliquei. – Vai dizer que nunca ouviu falar?

Nunca. Sem falar que não era a pena de um bicho qualquer, mas de um bicho que revirava lixo, que comia carne em putrefação – e com o qual, apesar disso tudo, nós convivíamos desde meninos. O que para nós era sinal de mudança boa, talvez de sorte, para alguns era sinal de sujeira, risco, qualquer coisa ruim. Para outros, não era sinal de nada, era somente uma pena – e talvez fosse só isso mesmo. Em todo caso, ele pegou a pena, educado, sem acreditar muito na tal história da sorte. Sorriu e a guardou no bolso da calça.

Pronto. Depois de muito andar, finalmente tínhamos encontrado a locação perfeita para a foto do meu amigo. O Vik ligou para ele, como havia combinado, e pediu que viesse ao nosso encontro. Era por volta de quatro horas da tarde, e o sol já tinha dado uma trégua. O Zumbi estava trabalhando numa área de demolição, que nós chamamos de área de vazamento de entulho, do outro lado do aterro. No dia, haviam demolido um hotel, e ele talvez demorasse um pouquinho a chegar.

O Vik já testava a câmera quando enxerguei o Zumbi lá do alto da rampa. Ele descia devagar, carregando alguma coisa apoiada nos ombros. Quanto mais se aproximava, melhor podíamos vê-lo, e também a sua "bagagem": branca, média, nem funda, nem rasa.

– Uma banheira? – os dois perguntaram, quase ao mesmo tempo.

Eu sabia que o Zumbi estava construindo a casa dele, e brinquei:

– Ah, é que o sonho de todo pobre é ter uma banheira!

Eles riram, e o Vik se virou, parecia inquieto, como que sondando à sua volta, a cabeça noutro lugar. Pegou rapidamente o celular do bolso e começou a mexer em alguma coisa. Depois de um tempo fuçando, se virou para mim:

– Esse aqui é o Marat, o que acha de você fazer? – e me mostrou, na pequena tela do aparelho, a imagem de um sujeito deitado numa banheira.

Eu olhei meio sem entender, afinal, quem era aquele cara? E o que ele queria dizer com "fazer o Marat", parecia um convite, talvez eu na foto, mas os retratados já não tinham sido escolhidos?

– Acho que ele tem tudo a ver com você – o Vik continuou, animado, como se fosse capaz de ouvir meus pensamentos, e começou a relacionar tudo o que estava acontecendo no aterro, a organização dos catadores, a luta pelos direitos, com a Revolução Francesa, pela qual o tal do Marat havia lutado.

Eu só conseguia me lembrar do "Jovens Lideranças", do *Liberté, Égalité, Fraternité*, da queda da Bastilha, do Robespierre, aquilo tudo eu conhecia, e tinha estudado. Era mesmo a minha cara, a luta, a mudança, e logo me empolguei.

Olhei de novo para a imagem. Na legenda: "A morte de Marat", do francês Jacques-Louis David, 1793. Na mão esquerda dele, apoiada sobre um suporte de madeira, uma folha de papel, talvez uma carta – que ele provavelmente escrevia antes de ser morto por uma militante inimiga da Revolução. Na mão direita, pendendo da banheira, uma pena dessas que usavam para escrever antigamente.

O pessoal logo se animou com a "montagem", todo mundo mobilizado a criar rapidamente a nova cena – e aproveitar também o sol, e a banheira, e o momento exato que poderia não voltar mais. Improvisamos o tinteiro com uma latinha de alumínio, a carta com um papel velho, uma tábua para simular o apoio, eu deitei na banheira, assim, meio encolhido, cobri minhas pernas e enrolei a blusa que vestia na cabeça. Pronto. Estava tudo certo. Ou quase tudo:

– E a pena? – perguntou o Vik. – Tá faltando a pena, que o Marat usa pra escrever a carta.

Eu e o Fabio só nos olhamos, e sorri, "não falei que dava sorte?". Ele contou aos outros que eu tinha acabado de encontrar uma, ainda intrigado com a coincidência, e me entregou a tal pena de urubu, agora meu mais novo "amuleto". Então a cena ficou completa. Tudo no lugar. O Vik clicou. Um clique de possibilidades. De surpresas. De um futuro de mudanças que ninguém ali poderia imaginar. Num susto, eu me tornava o sexto personagem daqueles retratos, como se o destino também me convidasse a reinventar com ele todo o rumo da minha história.

Ao lado dos meus amigos que também se redescobriam – Zumbi n'O Semeador, mas também a Isis, a Magna, a Irmã e a Suelen, cada uma por meio de uma obra especial, que continha também um pedaço de suas vidas –, eu me tornava um Tião novo, redesenhado, refeito. A morte de Marat de algum modo matava também a minha angústia, a minha falta de perspectivas, o meu medo de nada dar certo. Era como se eu morresse no Marat para renascer em mim mesmo.

Nem eu, nem o Fabio tínhamos mais dúvidas: as mães de santo estavam certas. Porque a pena de urubu que encontrei no lixo me deu muita, muita sorte. De uma forma meio mística, ela vinha delimitar o final de mais uma etapa na minha vida, dando início a outra nova. De novo, eu deixava velhos pesos para trás, abria novas portas, ultrapassava pedras feitas de rocha e de vento.

Era a pena de urubu, com toda a sorte do mundo, simbolizando a maior virada da minha vida.

23. Ferida aberta

Em 2006, a associação estava funcionando, nosso trabalho seguia mais firme do que nunca, e logo partimos para outras frentes. Com a ajuda do Ibiss, organizamos dois grandes mutirões para o pessoal tirar de vez seus documentos – identidade, carteira de trabalho –, e ainda um desfile de moda, que tinha por trás um projeto supersério de reconhecimento precoce da hanseníase. Era o "Catando Beleza, Reciclando Saúde". Nós montamos um palco, com direito a passarela e tudo, os catadores desfilando roupas feitas de materiais recicláveis, as meninas empolgadas com seus 15 segundos de fama. O desfile era, na verdade, um pretexto para o exame que viria em seguida, e o legal foi que todo mundo participou, sem nem se dar conta do objetivo "clínico" da coisa.

Fora da comunidade, também não tinha tempo ruim, e em pouco tempo a associação já participava ativamente de tudo quanto era convite que recebia, evento disso, encontro daquilo, sempre aberta a conhecer gente que tinha algo a somar. Um desses eventos foi o Festival Lixo e

Cidadania, que desde 2002 reunia poder público e sociedade – os catadores sempre bem representados – para discutir a situação dos resíduos sólidos no Brasil. E o legal das discussões é que estavam sempre amparadas pela preocupação com o ambiente e também com a inclusão social. Em 2006, por tudo o que eu vinha fazendo, fui convidado a colaborar com o Festival, atuando também como agente político e interagindo com outros Estados – o Luiz Henrique, de Belo Horizonte; o Dudu, de São Paulo; o Alexandre, de Porto Alegre. Companheiros com quem aprendi algumas boas lições para a nossa grande luta.

Aos poucos, a ACAMJG começava a mostrar a que veio, a ganhar espaço e visibilidade – tanto que, no final do ano, estava contratada, junto com a Coopergramacho, para cuidar da coleta seletiva do Sambódromo. A cada ano, uma empresa ou organização era escolhida, num sistema de rodízio, para comandar o serviço – e aquele era o nosso primeiro ano. Era muito trabalho pela frente, uma responsabilidade que atraía outra, e as boas novas não paravam de chegar.

Para completar o pacote, o Movimento Nacional de Catadores tinha acabado de receber uma verba para criar seus movimentos de base estaduais e regionais, o que para nós representava um grande ganho. Quem assumiu a primeira liderança do Rio foi um companheiro lá do centro, mas nem por isso nós de Gramacho deixamos de nos envolver com tudo, pelo contrário: a representação estadual nos abria uma porta que não tínhamos antes, da qual podíamos de fato enxergar o movimento, interferir, participar, mesmo de longe. E Gramacho, apesar de distante geograficamente, fazia cada vez mais barulho entre as vozes de catadores espalhadas pelo Brasil.

Por causa do contrato com o Sambódromo, e de todo os outros compromissos, o volume de trabalho – que já era grande – triplicou de uma hora para a outra. O grupo de "loucos" da ACAMJG agora era visto como o grupo responsável por abraçar a causa de todos, erguer as mangas e colocar a mão na massa, independente das dificuldades. E eu mergulhava de cabeça, saía de casa às seis da manhã, voltava perto das dez da noite e, confesso, às vezes não sabia dosar minhas energias – cada vez mais voltadas para o trabalho, a família e os amigos quase sempre deixados para depois.

Em outros tempos, isso não seria bem um problema – afinal, assim é a vida de quem se torna líder, abraça uma causa coletiva, e quem acompanha sempre acaba entendendo –, mas aquele não seria um ano qualquer. Meu pai estava doente, e tudo indicava que era coisa séria. Os anos de boemia sem hora, nem regra, de repente resolveram cobrar a conta, assim, sem avisar, e com juros e correção.

O ano de 2006 terminava quando os primeiros "sinais" da doença começaram a aparecer. A tuberculose – era a terceira vez que ele tinha a doença – parecia ter voltado para ficar. E se misturou com outras debilidades, culminando num diagnóstico cruel: aos 65 anos, meu pai descobria um câncer de pulmão.

Quando soube, não acreditei. A notícia caía sobre mim como uma ducha de água fria, congelando os planos que tínhamos juntos. Depois de tantos anos sonhando com um convívio nosso, de pai e filho, sem dores, sem medidas, eu não conseguia acreditar que seus dias de vida estavam contados – ou pelo menos comprometidos – por uma doença que acabaria com ele aos poucos. Que dali para a frente eu teria que aceitar vê-lo indo embora de mim, um pedaço maior a cada dia. Eu não queria perder o velho. Ao contrário, queria prolongar ao máximo o nosso tempo juntos.

Eu tinha que lutar, e comecei a correr atrás de consultas, médicos, remédios. Ele fez vários exames, migrou de hospital em hospital, mas o quadro só piorava, se alastrando para outros órgãos, até comprometê-los também, primeiro o fígado, depois o estômago. Só havia – se é que havia – uma chance: internação. No meio do caminho, descobrimos que o Hospital Geral de Duque de Caxias não tinha a especialidade de que precisava, que teríamos que transferi-lo para outro, mas não tínhamos convênio, nem condições de arcar com as despesas. Foi quando a Valéria, que acompanhava mais ou menos de perto a nossa saga, conseguiu com uma amiga do trabalho que ele fosse transferido para um hospital especializado no tratamento de câncer e tuberculose, lá em Niterói.

Apesar do quadro pouco animador, no fundo eu tinha uma esperança, e era ela que me dava força para o dia seguinte, para lutar até onde tivesse ar, até onde tivesse luz. Mas o velho não acreditava. Dizia que era perda de tempo, que tentar curá-lo seria pior:

– Se você me internar, eu vou morrer – dizia. – Vocês podem parar de chorar, já não tem mais nada que preste dentro de mim.

Eu não gostava de ouvi-lo falar assim, como se não valesse a pena tentar, lutar pela própria vida. Por isso insisti. Era meu dever – eu não desistia de nada fácil, muito menos do meu pai. Depois de um tempo tentando convencê-lo, pedindo que aceitasse ajuda, que tínhamos conseguido um bom hospital para tratá-lo, o velho acabou aceitando, mas fez um único pedido:

– Pelo menos você vai ao hospital comigo?

Prometi que sim, e nós acertamos tudo para a internação. Mas por causa do trabalho na ACAMJG, das mil responsabilidades sobre as minhas costas, acabei não conseguindo cumprir. A associação me exigia mais pernas e braços que eu tinha, e justamente no dia em que conseguimos vaga no hospital eu estava no meio da tal reunião sobre a coleta seletiva do Sambódromo. A responsabilidade da liderança pesava de um lado, a do filho pesava do outro, meu coração se dividia, mas eu, ao contrário, era um só. O que eu mais queria era estar com meu pai, mas ao mesmo tempo também não podia abandonar uma missão pela qual tinha lutado tanto. Além disso, ele não estaria sozinho, meus irmãos estavam por perto, todos eles, e assim que soube que eu não chegaria a tempo, pedi à minha irmã Cláudia que o levasse para o hospital.

Passei a noite pensando nele, se estava bem, como tinha dormido, porque era tarde para ligar. No dia seguinte, telefonei cedo para minha irmã, mas ela não atendeu. O trabalho não dava trégua e à tarde já tínhamos outra reunião, dessa vez no Ibiss. Eu estava com a Valéria, precisávamos resolver alguma questão importante da associação, eu de novo correndo, a cabeça cheia, por alguns minutos cheguei até a me esquecer da doença, do hospital, daquela despedida que eu não estava disposto a aceitar.

Foi quando o celular da Valéria tocou, e ela saiu da sala para atender. Voltou logo em seguida, quieta, não falou nada comigo. Menos de um minuto depois, senti meu celular vibrar. No visor: Cláudia. Naquele momento, pensei em tudo, menos no pior. Mas tinha acontecido. Era fevereiro de 2007, primeiro dia do mês. Meu pai não tinha aguentado. E, muito provavelmente, eu também não aguentaria.

Afundei em mim mesmo, e deixei as lágrimas caírem. Não tinha tido nem mesmo a chance de me despedir. De dizer o quanto o amava. O quanto tinha sido importante para mim. O quanto o admirava como pai, como conselheiro, como líder, a pessoa que tinha me ensinado a ser forte. Lembrei o que havia me dito uns dias antes, pedindo para deixá-lo viver seus últimos dias conosco, para não interná-lo. Mas eu o internei. E sequer pude estar com ele naquele momento difícil, em que a vida do velho terminava num sopro. Me senti tão culpado por não ter respeitado seus pedidos, tão pequenos, por não ter sido um conforto naquelas horas de dor e de medo. Senti mágoa, e dor, e culpa, e raiva de mim mesmo.

Meu pai morreu de falência múltipla dos órgãos. Seu corpo estava frágil, sem forças para respirar, sem condições de lutar. Como ele mesmo tinha dito, nada mais prestava ali dentro. No dia do enterro, senti a dor ainda mais forte. Doendo na pele, ganhando forma. Tive que beber ao extremo para enterrá-lo, ver o caixão descendo, depois o adeus. Não conseguia aceitar que a nossa despedida tivesse que ser daquele jeito, ou melhor, não ser, adiada que havia sido, talvez para outra vida. Depois do enterro, eu ainda fiquei lá, olhando, pensando, me lembrando de tudo, o álcool me fazendo reviver até aquilo que eu não tinha vivido, e não conseguia ir embora, só sabia chorar.

Meus irmãos também ficaram muito abalados com a partida do pai, é claro, todos o amavam, todos o queriam por perto, mas ninguém sofreu tanto quanto eu. Ninguém sentiu tão fundo sua partida – talvez porque eu estivesse mesmo em desvantagem em relação aos meus irmãos, no amor e na convivência, ou talvez porque me sentisse em dívida, culpado, responsável pela nova distância que se impunha.

O tempo passou, mas as lágrimas não estancaram logo. Uns meses depois, comecei a prestar serviço numa empresa que ficava quase em frente ao cemitério – e toda semana, praticamente, era o mesmo ritual: largava do trabalho, comprava um arranjo de flor e ia até lá. Ficava olhando a foto dele, a mente fixa nos sentimentos confusos que eu alimentava, chorando escondido, só quem sabia era a Nonô.

Por causa disso tudo, eu entrei em depressão, não comia direito, vivia quieto no meu canto, obcecado pela mesma história. Minha mãe tentava me consolar, lá do jeito dela, dizia que eu não tinha nada que sofrer pelo meu pai, que ele não merecia minha dor, não ele, que tinha me causado tanta mágoa, tanta ferida. Só que eu não pensava assim. Acreditava que ele me amava, e que merecia cada lágrima que salgava o meu rosto. Mas mais do que isso: aquele homem, apesar dos erros, que existiram, sim, e também dos desencontros, que não foram poucos, aquele homem era o meu pai. E seria para sempre.

E isso era tão certo quanto o fato de que uma hora, cedo ou tarde, eu teria que reagir. Se não por bem, então seria pelo trabalho, pela rotina que já voltava a me engolir, e a me exigir de novo mais braços, e pernas, e também alguma frieza para encarar o mundo como se nada tivesse acontecido – ou como se já tivesse parado de doer. Eu sabia que a minha ferida não cicatrizaria assim, tão fácil. Exigia tempo, e exigia entender que algumas coisas demoram mais que outras para fazer algum sentido.

Mas eu não tinha tempo para parar e sofrer. Havia uma multidão à minha espera, uma causa nas minhas mãos, um mundo de planos nas minhas costas. Pesos que, em vez de me derrubar, me faziam mais forte – lembravam por que, e por quem, afinal, eu estava naquela luta. E era por eles – curado ou não – que eu tinha que continuar. Firme.

24. Os retratos do lixo

O ANO DE 2007 SE arrastava entre projetos de reciclagem, manifestações na Prefeitura, reuniões com os catadores e as lutas de sempre. Eu já me sentia praticamente imerso de novo à rotina, dividido entre os afazeres e os problemas próprios de cada dia, quando o Penido, que cuidava da administração da Comlurb à época, chegou com o recado:

– Tião, tem um fotógrafo famoso que quer falar com você.

Não entendi. O que um fotógrafo, ainda mais famoso, queria comigo? O Penido não sabia ao certo, só que tinham entrado em contato com ele, aquela manhã mesmo, procurando o representante dos catadores.

– Parece que é pra um trabalho que querem fazer – era tudo o que sabia.

Pedi que passasse a eles o contato da associação, que era a melhor forma de falar comigo, ou então pessoalmente. Até que me ligou um sujeito chamado Fabio, Fabio Ghivelder, que trabalhava com o tal fotógrafo famoso, Vik Muniz. Disse que queriam conversar sobre a ideia de um projeto que estavam tocando, "um projeto no aterro", ele disse. Achei estranho, o que podia querer no aterro, ainda mais um fotógrafo famoso? Mas marcamos.

Passou um tempinho, devia ser julho ou agosto, dei de cara com um pessoal diferente lá no escritório da ACAMJG. E vinham equipados: câmeras, microfones suspensos, máquina disso e daquilo, filmando a nós e a tudo em volta.

– Vik Muniz e Fabio Ghivelder, muito prazer.

Eu os cumprimentei de volta, embora ainda cético sobre aquele encontro, principalmente com o que viria depois dele, quando o Vik começou:

– Eu sou o artista brasileiro – eu detesto falar isso, mas é verdade – que mais vende no exterior. Eu tive uma infância pobre e agora queria devolver um pouco do que consegui – e explicou a ideia que ele tinha, de fazer fotografias dos catadores e reverter o dinheiro das exposições e das vendas para a nossa associação.

Parecia incrível, um sonho mesmo, mas o que pensar daquilo tudo? Era uma grande oportunidade, que de tão mágica parecia também não ser real. Liguei para o Nanko no mesmo dia, assim que o pessoal todo foi embora, contei a ideia do projeto, das fotos, da venda dos quadros:

– Será que é isso mesmo, Tião? Nós já ouvimos tantas vezes a mesma história...

Ele tinha razão. Já tínhamos passado por situações bem parecidas, pessoas procurando o aterro, aquele espaço que de tão chocante tinha lá sua beleza, a coisa do exótico, talvez, tirando o que já não tínhamos e depois partindo sem dar notícias, nenhum retorno, nada em troca. Mas o Nanko ainda não conhecia o Vik, não tinha ouvido a história dele, nem as suas motivações.

Se aquilo era sério, se o projeto era sério, se o Vik era sério, eu não podia saber ainda. Mas tinha algo naquilo tudo, não sei explicar ao certo, que me fazia acreditar que falava a verdade. E eu sentia, como tudo na minha vida, que era preciso acreditar, nem que fosse para correr o risco. O risco de dar certo. O destino me escolhia mais uma vez para provar que vale, sim, lutar pelos sonhos. E me colocava diante de uma estrada, dois caminhos, para eu escolher um só, como uma prova, o meu destino em jogo. Não tinha o que pensar, e eu queria, é claro que queria, o caminho da chance, da possibilidade.

Tanto insisti que o Nanko topou conhecer o Vik, e marcamos um almoço, nós dois e a equipe dele. Seria num restaurante próximo da casa do Nanko, que descobrimos ser também perto da casa da mãe do Vik. Mas não era só isso que eles tinham em comum. Conversa vai, conversa vem – ficamos de papo até tarde da noite –, soube que os dois eram mesmo vizinhos, e que o Nanko conhecia o pai do Vik, seu Vicente, de longa data. E assim o destino tratava de amolecer aquele coração duro holandês para a ideia – talvez louca – das fotos dos catadores. O Nanko inclusive receberia por nós a doação por intermédio do Ibiss, para facilitar as coisas.

Com tudo acertado, as fotos já podiam começar. E o processo todo seria registrado em filme por uma equipe de fora, dirigida pela famosa documentarista Lucy Walker, que eu só depois soube quem era. A ideia inicial, depois o Vik contou, era fazer um documentário sobre ele, sua história de vida, da infância pobre à fama como artista mundialmente reconhecido. Para a nossa sorte, sua ambição era outra. Explicou aos produtores que estava tocando um projeto novo, que valia muito a pena ser documentado, sobre catadores num dos maiores lixões do mundo. E lá estavam eles.

Era o mês de agosto quando tudo começou. Quase todos os dias, inclusive fins de semana, o Vik, o Fabio e a equipe dele chegavam de manhã cedo no aterro e só se despediam de noite. Primeiro, olhavam tudo meio de longe, como que reconhecendo o território. Depois, mais familiarizados, interagiam aos poucos com os catadores mais extrovertidos, encontrando brechas para se aproximar. Não era tão fácil. Sempre que dava, eu ia junto, com a desculpa de conduzi-los, mostrar o caminho, para na verdade fazer uma ponte que não seria possível sem um "elemento comum". E assim seguimos por um tempo, até a ideia do Marat, a pena, a virada. Mas o melhor ainda estava por vir, e viria logo.

Enquanto não vinha, continuávamos vivendo a nossa luta sem fim, pela conscientização, contra as promessas que não se cumpriam e nos obrigavam a ir para a rua, a acampar em frente à Prefeitura, a lutar com as nossas (ainda poucas) armas, que também aos poucos íamos aprendendo a manejar. Com a diferença de que agora o vento soprava a nosso favor. Que era na direção das mudanças que nós queríamos. Como se houvesse uma razão além dos fatos, como se tudo aquilo já estivesse escrito em algum lugar.

Tinha chegado 2008, e o movimento estadual dos catadores abria eleições para a presidência. O amigo do centro tinha desistido do cargo, que acabou ocupado por uma companheira da zona norte, isso ainda em 2006. Ele tinha cumprido seu papel, mas não estava disposta a prosseguir. E o lugar estava vago. Era minha chance de mudar a forma como a luta dos catadores vinha sendo conduzida no estado. Não que estivesse errada, mas incomodava, e muito, que tivesse os olhos voltados quase que exclusivamente à situação dos catadores de rua, enquanto nós, dos lixões, também fazíamos parte daquele grande movimento.

Mais do que um grupo solto, éramos uma cidade de catadores, uma comunidade mesmo – com interesses, necessidades e desejos comuns. E era essa identificação, justamente esse elo, que nos fortalecia. Gramacho começava a se organizar de maneira inédita, sendo aos poucos percebido com outros olhos pelo pessoal de fora, notado na multidão e escutado para além dela.

Até que aconteceu. Me candidatei àquelas eleições, incluindo pela primeira vez na pauta as demandas dos catadores de lixões, defendendo que tínhamos que olhar para todos com os mesmos olhos, mais movidos do que nunca pelo lema "Somos todos catadores". Em meados daquele ano, eu me tornei o presidente do movimento estadual, no qual trabalharia até 2013. Era a oportunidade de mostrar que, além de lixo, em Gramacho havia também gente consciente, engajada e crítica da própria realidade, capaz de julgar o que era digno, o que era injusto, o que precisava mudar. Em outubro, organizamos o I Congresso Estadual de Catadores, que juntou os dois perfis de catadores, de rua e de lixões, conjugando diferentes questões numa única lista – as gravações do Vik já nos inspirando, um olhar diferente, uma postura nova.

Lembro-me de um evento que teve na Baixada do Glicério no final daquele ano, com várias autoridades presentes, entre elas o presidente Lula. Pela primeira vez, um governo no Brasil promovia um encontro do tipo, no qual os catadores de cada estado, uma vez por ano, tinham a oportunidade de expor suas demandas para a política nacional de tratamento de resíduos sólidos. Eu fazia parte da Comissão Nacional dos Catadores, que se dirigia às autoridades nesses eventos, mas nunca tinha falado com o presidente pessoalmente. Até o evento da Baixada do Glicério, bem debaixo do viaduto, dia 23 de dezembro. Eu já era presidente do movimento estadual de catadores, e levava um livro comigo, *A Arte da Guerra*. Tomei coragem e cheguei perto dele:

– Presidente, o senhor poderia me dar um autógrafo?

Ele foi solícito, me cumprimentou, abriu o livro e assinou. Era um exemplar novo, que eu tinha comprado depois – não o que havia encontrado no lixão. Agradeci, o cumprimentei e na hora de me despedir:

– Um dia, eu ainda vou ser presidente – disse, meio no impulso, e no fundo o desejo de que fosse verdade.

Ele sorriu, disse algo como "vai em frente" e me deu três tapinhas no peito. Guardei meu livro com cuidado, o autógrafo ali simbolizando uma trajetória de superação que – críticas à parte – me inspirou a acreditar no que às vezes parece impossível.

Enquanto isso, no aterro, nosso trabalho com o Vik seguia a todo o vapor. Passado o susto inicial, o choque entre "civilizações" dava lugar às afinidades que nasciam das coisas mais simples – uma palavra, um gesto, a lembrança de um filho, de um pai, um sonho da infância –, nós agora confiando mais neles, eles pisando no lixo sem o receio do primeiro encontro, uma cumplicidade que existia mesmo no silêncio, mesmo nas diferenças de classe, de mundo e perspectivas.

Depois de alguns meses preenchendo com materiais recicláveis cada um dos seis retratos, ampliados no chão de um grande galpão, tinha chegado a hora de ver o resultado. O Vik chamou um a um até um patamar mais alto, de onde dava para ver a projeção perfeitamente – proporcional, sem distorção, o "lixo" já transformado noutra coisa. Subi as escadas curioso, claro, mas sem grandes expectativas, que eu não tinha a menor noção do impacto que me causaria aquela figura, minha, do Marat, coberta de lixo, encoberta de arte. Era lindo, e também meio mágico. A arte. A "loucura" do Vik. Uma loucura tão inspirada que era até difícil de acreditar.

Nada mais precisava acontecer para mim. Era claro que as coisas estavam mudando, e tudo indicava que mudariam mais – ainda tinha a venda dos quadros, e depois o tal filme registrando toda aquela saga. Só que o destino não quis que fosse assim. Ou melhor, ele quis, sim. Mas que fosse melhor.

As fotografias das projeções estavam quase prontas quando soubemos que uma delas, antes mesmo das exposições que o Vik faria, seria enviada a um leilão, em Londres. Um dia apareceu no aterro a tal representante da casa de leilão Phillip de Purret, uma moça chamada Brooke, que ficou encantada com as obras e topou a sugestão do Vik de fazer um quadro grande de uma delas – que ela mesma escolheria – e levá-lo direto a leilão internacional.

Dias depois, eu estava chegando à associação, quando recebi um telefonema. Do Fabio. A Brooke tinha finalmente se decidido por uma das fotos, "A morte de Marat". A minha foto. Seria leiloada antes mesmo de ser exposta numa galeria, como era de praxe. Uma ousadia do Vik. Um presente para mim. E tinha mais: o Vik não iria sozinho a Londres. Eu iria com ele.

Corri para casa sem acreditar. Ninguém acreditava, era muita felicidade para pouco espaço dentro de mim, o mundo que tinha parado durante anos agora acelerava a 100 quilômetros por hora, e esperava que eu o acompanhasse, sem medo, só coragem, a toda marcha, a toda prova.

Menos de uma semana depois, eu estava no avião, vendo lá do alto o mundo pequenino. Como se de repente eu pudesse ver tudo com alguma clareza. A distância me permitindo enxergar o caminho que tive que percorrer para chegar aonde cheguei, a capital inglesa, um pedaço europeu, o mundo que eu só conhecia dos livros, das aulas, dos sonhos, e agora real. Do alto, eu via uma estrada inteira, e eu – correndo, correndo contra o tempo –, ultrapassando obstáculos, vencendo fantasmas para simplesmente chegar. Mas nunca pensei que tão longe.

Em Londres, conheci palácios, museus, catedrais. Visitei o Big Ben e andei na terceira maior roda gigante do mundo, a London Eye, com 135 metros de altura. Só conseguia pensar nas voltas que a vida dá, e nas que a minha tinha dado, a ficha não caía, e eu flutuava com ela. Foram nove dias de "conto de fadas". Eu parecia a Cinderela, deslumbrado, sonhando – mas então vivendo.

Até que chegou o grande dia. Eu estava mais nervoso que em dia de campeonato do Botafogo, suava frio, minhas mãos tremiam. A expectativa, o medo, a emoção, tudo se misturava dentro de mim. Ao fundo, o martelo batendo, os lances, as vendas, e lá vinha mais uma obra, e mais uma, até:

– Lote número 272, a bela obra de Vik Muniz, Marat, Sebastião, "Retratos do lixo" – e lá veio ela, imponente, para ser apresentada ao público.

Tudo foi muito rápido. Alguns segundos e a minha vida ali, definida, uma eternidade de sonhos espremidos, sonhados com toda a força, o martelo indo e vindo, os lances aumentando, a minha emoção subindo com eles, até a batida final: 28 mil libras. O equivalente a quase 100 mil reais. O equivalente a uma quantia que não cabia nas minhas mãos, e eu não sabia se ria ou se chorava, de tanta felicidade, de todos os sentimentos juntos. Nem em final de campeonato do Botafogo eu tinha sentido algo parecido. Quando vendeu, era como se meu time tivesse feito gol.

Ao mesmo tempo, quando vi o Marat indo embora, senti um vazio, como se tivessem levado um pedaço de mim. O mesmo Marat que, embora morto, tinha me devolvido a vida agora não era mais meu. Entrei no banheiro e comecei a chorar, me bateu um desespero, como se aquele quadro fosse mais que um quadro – como se fosse a mudança, a chance, a vida, e de uma hora para outra elas escorressem por entre meus dedos. No fundo, eu sabia que não, que ele não tinha ido para me deixar, mas para me trazer, trazer tudo o que nunca tinha sido, tudo o que jamais seria sem ele.

E no meio daquela confusão de idas e vindas, ainda enxugando as lágrimas, disquei o número da pessoa que mais merecia aquele presente:

– Mãe, vendeu! – eu parecia um menino que conta um segredo, o mais importante da vida toda, querendo que ela soubesse de tudo, que tivesse orgulho de mim, e do outro lado ela só sabia chorar, agradecer a Deus e chorar. – Parece até que eu sou um *pop star* aqui, todo mundo querendo tirar foto comigo.

E era mesmo. Os outros me olhavam como se eu fosse uma celebridade, e eu ali sem saber o que pensar, tentando entender, mas era impossível. Até que simplesmente parei e me deixei levar por aquela emoção louca, me permiti chorar enquanto lembrava de tudo, capítulo por capítulo, página por página. Cada tropeço, cada noite de aflição e de medo, os sonhos indo embora – e eu, por algum motivo, ainda insistindo neles. Cada dor, cada luta, eu tachado de louco, de insano, ouvindo que perdia tempo, que nada aconteceria, que eu não sairia do chão. Tudo tinha valido a pena, pois eu agora estava voando. Literalmente.

25. Encontros e despedidas

O Brasil me esperava de volta, e uma nova cortina se abria. Talvez fosse a hora de ligar os pontos, rever os últimos passos e entender. Entender como eu tinha saído de um buraco escuro e agora via a luz, com toda a força, brilhando e iluminando tudo em volta. Foi quando me lembrei daquele encontro meio louco com a Vera Romana, os papéis rabiscados, as letras gregas, o tal ano da colheita, 2008, bem como ela havia dito, e depois as viagens, as realizações. Podia ser só coincidência, é verdade – era o que eu mais pensava, aliás –, mas então tudo coincidia. De repente, a tal história do mapa astral, embora ainda improvável para mim, começava a fazer todo o sentido. E eu continuava colhendo os frutos.

Depois da venda do Marat, o Vik seguiu com as exposições, dentro e fora do Brasil. Em 2009, a série "Retratos do lixo" passou pelo Museu de Arte Moderna do Rio de Janeiro, a mídia nacional toda presente, entrevistando cada "personagem", querendo entender a estranha "beleza" das nossas vidas. No fim das contas, nossos ganhos iriam – como já estavam indo – além da doação do Vik. Aquela experiência mudava tudo – nosso jeito de ver e de ser visto, de encarar nossa própria história, de falar, de sentir e ser sentido. Era um ganho maior, social, simbólico. Mas principalmente humano.

Até o fim do ano, todos os quadros estavam vendidos – e o dinheiro, como prometido pelo Vik, doado à ACAMJG, que, aliás, até então se equipava como podia, cadeiras e mesas doadas, parte pela Valéria, parte pelo Ibiss, tudo meio velho, improvisado como deu. O polo, quando o recebemos em 2006, nos foi entregue vazio, só os galpões mesmo, sem cadeira nem mesa. Mas agora teríamos condições de nos equipar de verdade, com mesas e cadeiras novas, computadores, armários para o escritório, maquinários para o polo de reciclagem, caminhões e os equipamentos mais pesados. Sem falar no centro de ensino que montamos um tempo depois, com 40 computadores e cursos de graça para quem quisesse estudar. Eram aulas como as que eu tinha feito na época da Coopergramacho, com a intenção de preparar todo mundo para a tal transição pré-fechamento do aterro – mas que, na prática, pouquíssimos aproveitaram, duvidando que o aterro fosse fechar de verdade. De qualquer forma, era a ACAMJG se erguendo, e erguendo nosso sonho com os retratos feitos de lixo.

De repente, o tempo passava em outro ritmo, corrido, como se a vida tivesse pressa de colocar o passado em dia. O trabalho do Vik conosco tinha terminado, mas aquele estava longe de ser um encerramento, ao contrário. Os tais registros que eles haviam feito de nós no aterro, as fotografias – inclusive minha ida a Londres, a venda do Marat – estavam para ser lançados num documentário dali a alguns meses, expondo nossas histórias ao mundo.

Aquilo era uma verdadeira loucura para a minha cabeça, tudo o que eu estava vivendo – os lugares, as pessoas, as experiências – não parecia real, não parecia possível. Eu ainda tentava entender em que ponto a vida tinha virado de um lado para o outro quando recebi um telefonema:

– Tião, quem fala aqui é Marta, Marta Rocha – mas não era a delegada, nem a miss, nem ninguém que eu conhecesse. – Eu estou organizando um evento, o Fórum Internacional de Comunicação e Sustentabilidade, e gostaria de convidar você pra participar, que nós estamos precisando de alguém pra falar sobre o lixo.

E me explicou que era a segunda edição do evento, que o foco deles era juntar sociedade, governo e empresas para debater a sustentabilidade, mas, sobretudo o desafio de conscientizar as pessoas, aquela coisa toda. Uma amiga dela tinha me ouvido falar não sei onde, parece que gostou, e indicou meu nome. Eles queriam alguém que explicasse o problema do lixo, a importância da coleta seletiva, da reciclagem, bem as coisas que eu já estava acostumado a defender na associação.

O evento aconteceu em maio de 2010, no Vivo Rio, e era a primeira grande palestra que eu daria na vida. O auditório lotado, e eu ali na frente, espiando por detrás da cortina, sentindo aquele frio na barriga. Eu tinha preparado todo o meu discurso em tópicos, para o caso de me perder, que não tinha projeção nem nada, era tudo na cabeça. Estava nervoso, claro, ainda mais quando vi aquela multidão, gente arrumada na plateia, alguns especialistas no assunto, mas depois relaxei. Descobri que falar para 50 pessoas ou para 5 mil é a mesma coisa. A mesma tensão no início, o mesmo medo de errar, mas depois passa. No fim das contas, correu tudo bem, o pessoal elogiou, acabou sendo um sucesso. Mais um.

Foi aí que a coisa toda começou a pesar em mim. Claro que eu estava feliz, mas era exatamente isso que pesava – não poder compartilhar aquela felicidade com alguém que eu amava muito. A saudade do meu pai ainda doía, era um fato. Por que, afinal, ele não tinha podido desfrutar de nada daquilo comigo? Por que não esperou só mais um pouco para ir embora, para ver aonde eu tinha chegado, sentir o mesmo orgulho que minha mãe sentia? Aquela dor de não poder dividir nada daquilo com ele, nenhuma vitória, nenhuma loucura, era um peso que eu não conseguia aliviar.

Mais ou menos na mesma época, eu conheci Nietzsche. Também no aterro, um livro velho jogado e um mundo de conhecimento para quem quisesse abri-lo. Eu quis, e mergulhei de cabeça nas suas filosofias, que acabaram me ensinando um jeito de lidar com a dor. O alemão que defendia a morte de Deus, que questionava toda e qualquer crença, era o único capaz de me consolar nos meus momentos de crise. Não que eu fosse tão radical quanto ele – continuava tendo minhas crenças, e até alimentando algumas, mas não a ponto de me tornar refém delas. Com Nietzsche, eu começava a aprender a andar por mim mesmo. A me salvar pela minha própria força.

Minha irmã Glória brincava que, depois que comecei a ler seus livros, parecia até que tinha mudado de personalidade, de tão parecido que estava ficando com ele:

– Esse cara é muito depressivo, cuidado que você vai ficar como ele – implicava.

No fundo, ela tinha razão. Mesmo assim, ele me ajudou um bocado. Estranhamente, era lendo suas loucuras que tinha meus poucos momentos de paz. Uma paz que parecia cada vez mais difícil sentir. E foi assim, imerso num dos livros dele, buscando alguma paz enquanto remoía velhas dores, que um dia eu sonhei com meu pai. Um sonho intenso, em que ele aparecia para mim:

– Tião, eu deixei um presente para você – ele dizia, mas não havia nada de fantasmagórico, era ele mesmo, como se ainda estivesse vivo. – Está na nossa casa, na última gaveta do armário do meu quarto.

Acordei atordoado. Tinha sido muito real, sua imagem nítida, como se estivesse falando comigo de verdade. Lembrei-me da tal gaveta, onde guardava suas coisas. Ele já tinha falado alguma coisa sobre ela quando estava vivo. Podia ser uma mistura de fantasia com realidade, não sei. Mal consegui dormir esperando pelo dia seguinte, ansioso com o que encontraria. Acordei cedo e fui até a casa da minha mãe. Ela não estava, entrei no quarto, abri o antigo armário do meu pai. E tremi: na tal gaveta de canto, que era a dele, estavam todas as reportagens que já tinham saído sobre mim, sobre a associação, os nossos protestos, a foto do "Bush carioca". Ele tinha guardado todos os recortes numa pasta, um a um – e do lado deles, ainda encontrei dois livros meus que achava que tinha perdido, *A Arte da Guerra*, com o autógrafo do presidente Lula, e *Quando Nietzsche Chorou*, que tinha achado no aterro.

Na hora, fiquei um pouco assustado, mas ao mesmo tempo me senti bem, como que um conforto, tentando entender aquilo como um recado do velho para eu continuar, deixar minha culpa de lado, entender de uma vez por todas que ele se orgulhava de mim, que antes mesmo daquilo tudo ele já acreditava em mim – e eu nem mesmo sabia daquela caixa de guardados. E, ainda que longe, ainda que noutro plano, ou noutro mundo, meu pai de alguma forma estava presente. Estava por perto. E sempre estaria.

Mesmo assim, ainda demorei um tempinho para me livrar da culpa e da dor. Volta e meia, me pegava imaginando o que o velho diria se me visse em Londres, se visse meu quadro sendo arrematado por um monte de grã-finos, se pudesse me abraçar em algum desses momentos, sentir minha felicidade, e me deixar também ver a sua. Eu ainda tentava juntar as peças que não se ligavam quando tive um outro sonho, meio dormindo, meio acordado, uma espécie de encontro espiritual com meu pai – e que nunca contei para ninguém, com medo de acharem que eu estava ficando louco. Ele aparecia, rosto de menino, e perguntava:

– Agora que você está bem eu já posso ir, não posso?

Eu dizia que não, que ele não podia ir, não agora – *justamente* agora que estava tudo bem. Mas ele falava que sim, que tinha chegado a hora de ir. E começava a cantar, baixinho, uma música que ele gostava muito, e que falava de despedida, enquanto se afastava, aos poucos, a imagem sumindo:

"[...] O trem que chega é o mesmo trem da partida
A hora do encontro é também despedida
A plataforma dessa estação
é a vida desse meu lugar
é a vida desse meu lugar
é a vida".

Quando abri os olhos, era como se ouvisse a música do sonho de verdade. Tal qual num ritual, era como se precisasse daquele momento para me despedir de verdade, sentindo na pele, e entender o adeus, que nada mais era do que parte do destino. Fiquei com a tal música – que não por acaso se chamava "Encontros e despedidas" – o dia inteirinho na cabeça. Cantando e rindo. Entendendo e, de um modo divino, finalmente me curando.

26. Um astro em Hollywood

Em outubro de 2010, o documentário *Lixo Extraordinário* estava pronto, e chegava às salas de cinema lá de fora. Daqui, nós seguíamos na expectativa, todo mundo ansioso, querendo se ver na tela, a nossa história contada para o mundo. Como se isso não bastasse, um dia o Vik ligou todo feliz:

– Tião, estamos na lista dos pré-selecionados do Oscar – e explicou que havia mais 14 outros documentários disputando as cinco vagas de finalistas, o que já era maravilhoso, um grande prêmio.

Não acreditei. Sabia que o Oscar era muito, era o topo, o prêmio de cinema mais tradicional do mundo. Fiquei superempolgado com a notícia, que era mais uma para a coleção de boas surpresas. E, se havíamos chegado até ali, a ponto de sermos selecionados para algo tão importante, tinha sido graças a um trabalho coletivo muito bonito – do Vik, do Fabio, dos produtores e especialmente dos diretores da coisa toda, as inglesas Lucy Walker e Karen Harley e o brasileiro João Jardim. E nosso também, claro. Que de alguma forma agora recebíamos aquela chance de presente.

O resultado sairia em janeiro do ano seguinte, mas até lá só nos restava torcer. E enquanto torcíamos, também trabalhávamos duro, já que do lado de cá das câmeras, da lente real da vida, nada podia parar, muito menos agora que a estrutura da associação era outra, mais organizada e equipada, os recursos usados cada um para o seu fim, sem ter que tapar buraco, sem ter que improvisar tudo.

Dentro do polo de reciclagem, nosso trabalho fluía como nunca. O cadastramento atraindo mais e mais gente, a ACAMJG respondendo pelas várias frentes de catadores em Gramacho, cada vez mais engajada, mais próxima do pessoal e menos distante das autoridades. Eu seguia como presidente da associação e também à frente da representação do movimento estadual, fazendo meus contatos, indo para a rua protestar, usando um pouco da visibilidade que os retratos tinham nos dado para atrair a atenção da sociedade para o aterro, que cedo ou tarde fecharia, mas não parecia preocupar muito as autoridades – do que os catadores viveriam, ou como alimentariam seus filhos. E é claro que sempre sob as mais loucas críticas, algumas pessoas achando que não era legítimo da minha parte me "aproveitar da fama para reivindicar nada" – sem perceber que se havia algo de legítimo naquele *tsunami* de interesses era justamente a oportunidade que eu agora tinha de lutar – sem o risco de ser ignorado – pelos direitos mais básicos da minha categoria.

Trabalho vai, trabalho vem, às seis da manhã de uma terça-feira, eu ainda dormia, meu telefone tocou. Dei um pulo, era o Fabio. Em menos de um segundo, minha cabeça fez algumas conexões – era dia 25 de janeiro, o dia do anúncio dos indicados, seis da manhã, ligação do Fabio. Não era possível! Mas só podia ser, e já fui atendendo, certo da notícia, superempolgado:

– Já sei, tamos no Oscar!

E era. Na hora, não pensei em nada, e fui correndo ligar a TV, derrubando as coisas pela casa. Lembro como se fosse hoje, era o jornalista Renato Machado naquele jornal da manhã. Ele dizia que embora o filme *Lula, o Filho do Brasil* não estivesse entre os indicados ao Oscar, ainda assim teríamos um representante brasileiro naquele ano. E falava do nosso *Lixo Extraordinário*.

Minha felicidade transbordava, e eu já não podia acreditar que tanta coisa boa estivesse me acontecendo. Ou talvez só agora eu começasse a acreditar em tudo. O caminho improvável que a vida tinha me reservado, e que no fundo eu já sentia que seria de surpresas – embora não tantas –, mesmo contra todas as expectativas, contra todos os dedos apontando para a minha queda – só eu vendo, no escuro, a tal luz no fim do túnel.

Aquela luz brilhava cada vez mais forte, e agora o destino era Los Angeles. De novo, eu estava nas alturas, desta vez a caminho do Oscar. Um momento único, eu sempre soube, e que por isso mesmo me pedia para aproveitar cada segundo. Uma experiência surreal, por um lado, mas que tinha começo, meio e fim. Não duraria para sempre, e eu precisava me lembrar disso. Mesmo voando alto, eu de algum modo me obrigava a manter os pés no chão, tocando a realidade, relembrando por que estava ali afinal de contas. Eu sabia que aquela história não era só minha, mas de todos os catadores, e portanto bem maior que a minha emoção particular. Eu sabia que aquela era uma oportunidade de ser mais do que só um sujeito, e de me tornar coletivo, líder de uma multidão sem voz – e sem o espaço que a vida de repente me emprestava.

Como na viagem a Londres, havia um mundo inteiro a desbravar. Agora muito mais que só os passeios turísticos, mas também entrevistas, encontros, premiações paralelas. Eu parecia mesmo um *pop star* – mas mais que num conto de fadas, eu agora me sentia dentro de um filme de Hollywood. Até porque era tratado como um verdadeiro astro, tirando fotos em estúdio, usando roupas especiais, desenhadas sob medida, uma para cada festa. Sem falar que todo dia tinha uma, era encontro na casa do dono da HBO, exibição do documentário no Consulado brasileiro, festa organizada pela revista *Playboy* – que acabou citada numa cena do filme, quando explico ao Vik que o lixo de uma pessoa diz muito sobre ela, e em seguida tiro de um saco justo uma correspondência da revista.

Apesar das badalações quase que diárias, a festa principal ainda estava por vir. Ainda mais luxuosa e brilhante do que todo o resto, como tinha que ser. Enquanto eu vestia o tal *smoking* desenhado por Pedro Cardoso, da grife Balasarae, pensava na minha mãe, nos meus irmãos, nos meus amigos. O que estariam pensando naquele momento? O que estariam sentindo? A mesma emoção que eu? Provavelmente, já que naquele momento todo o bairro parava para me assistir em plena praça de Jardim Gramacho, num telão com transmissão ao vivo direto do tapete vermelho – ideia do Vik, e que todo o pessoal ajudou a conseguir, a Valéria, o Nanko, o pessoal da associação.

Na hora do evento, confesso, achei tudo meio chato. Não entendia a língua, muito menos as piadas, tinha quase que me esforçar para parecer integrado. Mas isso não tinha importância. De um modo diferente, eu estava, sim, integrado, como aliás poucas vezes estivera, e aquilo bastava. Como a maioria já sabe, *Lixo Extraordinário* não ganhou a estatueta – que foi para o documentário *Trabalho Interno* (ou *Inside Job*), dirigido pelo americano Charles Ferguson, sobre a crise americana de 2008 – mas acabou reconhecido por outros festivais. Em Sundance, recebeu o prêmio do público de melhor documentário internacional, e em Berlim ganhou os prêmios da Anistia Internacional e do público. Além dos ganhos indiretos, muito mais profundos, muito mais intensos.

Daí não parou. O que eu já considerava frenético, de repente deu um salto, e começou a sacudir tudo ao meu redor. O ano de 2011, pós-Oscar, dividia minha vida ao meio, em duas partes, não tanto para mim, mas para os outros e para o que eu passaria a representar, agora sim para o mundo inteiro.

As semanas que se seguiram foram intensas, todas as lentes voltadas para o Tião, o menino pobre do lixo que superara as desigualdades, os preconceitos, e chegara a Hollywood. Eu tinha que aproveitar aquele momento, a visibilidade que Gramacho ganhava de uma hora para outra, mas não era fácil. Uma das produtoras executivas do documentário à época, que tinha acompanhado toda a minha trajetória, inclusive indo comigo aos eventos, foi quem me alertou que, dali pra frente, eu precisaria de alguém para me orientar. No fim das contas, decidimos, pela experiência e pelos bons contatos que já tinha, que ela mesma se tornaria minha empresária – ela e uma amiga, que a apoiaria no trabalho, só que mais focada na mídia.

Por um tempo, a parceria seguiu bem, elas me situando na nova vida que chegava a mil, sem pedir licença, códigos próprios que eu ainda não conhecia. E seus contatos me abriram muitas portas – entrevistas que faziam meu nome circular, levando com ele também as demandas de Gramacho, fora as palestras para empresas, eventos, universidades. É verdade que ainda havia um preconceitozinho – delas, inclusive –, um estereótipo limitando meu "potencial de catador". Lembro-me do dia em que enviei às duas o material da minha primeira palestra. Passou um tempo, uma delas me ligou:

– De onde você copiou isso, Tião? – como se eu não tivesse capacidade de fazer por mim mesmo, de pensar e escrever sozinho, como de fato aconteceu.

Mas talvez a culpa não fosse delas, como fui percebendo mais adiante. A gota d'água foi num outro evento de que participei. Era final de uma palestra e um grupo de alunos, não me lembro de qual faculdade, queria me entrevistar. Eu os atendi com toda a atenção, eles também atenciosos, até filmaram as respostas. Até que no fim, com a câmera já desligada, uma menina perguntou:

– Mas você é catador mesmo?

– Como assim? – realmente, eu não tinha entendido a dúvida.

– Ah, você tá vestindo uma calça de marca – e falou o nome da marca, que na verdade eu nem conhecia direito, era uma calça que eu tinha ganhado de presente do Angus, um dos produtores do documentário, quando fui a Londres, mas para mim tinha vestido uma calça que gostava, e só.

Apesar disso tudo, na hora eu congelei. Me senti até um pouco culpado, confesso, talvez eu devesse mesmo ter me vestido de um jeito mais simples, mas aquilo era uma provocação, e não me restava outra opção senão responder à altura:

– Pois é, eu tava atrasado hoje de manhã e acabei esquecendo meu *kit* catador em casa: a barba, a cachaça e a roupa de mendigo – disse, irônico.

Ela ficou quieta. Eu a olhei bem sério:

– Se era isso que você esperava, me desculpa, mas eu não sou essa pessoa.

E ela ficou ainda mais sem graça depois disso, pediu desculpas, mas já não importava. Me importava, sim, era mudar aquele pensamento, fazer os outros entenderem que estávamos além dos seus preconceitos, que éramos mais que a imagem distorcida que tinham de nós.

Felizmente, no geral minhas palestras não terminavam assim, e eu mais aprendia do que me chateava no fim das contas. Numa delas, inclusive, acabei conhecendo um estoniano, Rainer Nölvak, ambientalista e idealizador de um movimento ousado, já em curso em alguns países, o "*Let's do it*". A proposta era limpar o país – através de pequenas ações de conscientização – com a ajuda da sociedade civil e de empresas parceiras. Ao final do evento, ele veio falar comigo, todo empolgado com a minha fala – e querendo trazer o "*Let's do it*" para o Brasil.

A ideia era incrível, e tinha mesmo tudo para dar certo, mas a verdade é que ele não tinha muita noção das peculiaridades do nosso país, do tamanho, das diferenças regionais. Foi quando a Marta Rocha – a da palestra no Vivo Rio – entrou em cena: juntos, ela e o Rainer adaptaram todo o projeto e deram forma à sua versão brasileira. Nascia o "Limpa, Brasil", o "*Let's do it*" com a cara do Brasil. E ela queria que eu participasse do movimento, contribuindo com tudo o que eu sabia sobre descarte e reciclagem. Claro que aceitei, até porque o grande desafio por aqui sempre foi dar destino correto ao material reciclável – e aquela iniciativa me interessava pessoalmente, tinha tudo a ver com o meu trabalho, com meus interesses enquanto catador, e acima de tudo enquanto cidadão. Na verdade, só havia um pequeno detalhe a ajustar:

– Olha, limpar e jogar tudo misturado vai ser o maior mico, o Brasil tem que trabalhar mesmo é a questão da coleta seletiva – fui explicando logo de cara.

Isso porque aqui no Brasil a realidade era um pouco diferente. Mais do que limpar o país, como o "*Let's do it*" original propunha, tínhamos primeiro que conscientizar as pessoas sobre a importância de o lixo voltar à cadeia – e, para isso, precisávamos ensiná-las por que e como separar aquilo que podia ser reciclado.

A Marta comprou a ideia, e acertamos o que faltava: o "Limpa, Brasil" seria um movimento mais amplo, para além da limpeza em si. Antes de tudo, funcionaria como uma campanha de conscientização, para *educar, sensibilizar e mobilizar* as pessoas sobre o problema social do lixo. Eu tinha sido contratado como consultor do movimento – e, confesso, foi quando realmente comecei a ganhar bem. Mas por pouco tempo, porque à medida que eu me envolvia mais com o projeto, abraçando-o como se fosse meu, ele de fato se tornava. E a Marta não demorou a me convidar para integrar o time de fundadores, trabalhando como diretor nacional de logística do movimento – só que agora voluntariamente. Eu deixaria de ganhar como consultor, mas não liguei. Me sentia tão envolvido, tão imerso, pensando de perto os detalhes, fazendo a coisa acontecer.

Em 2011, já estávamos na estrada, eu indo para a rua, de escola em escola, fazendo palestras para alunos e professores, criando identificação com os jovens, com os líderes das comunidades. O projeto era mesmo a minha cara – e, para mim, só valia a pena estar ali se fosse para me entregar de verdade.

E eu me entregava de todas as maneiras, planejando cada ação do movimento, arregaçando as mangas, colocando a mão na massa – e até subindo no palco para substituir apresentador. É que, depois de um dia inteiro de ações nas cidades, nós promovíamos também um *show* de encerramento, tudo para mobilizar as pessoas. Foi quando, um belo dia, o mestre de cerimônias faltou, foi a maior confusão, alguém tinha que substituí-lo, subir no palco, falar do evento. Mas não tinha ninguém, o sujeito não chegava nunca, o tempo estava passando. Decidi: eu mesmo vou. E fui. Incorporei o Luciano Huck e subi – e gostei tanto que depois virei também o mestre de cerimônias oficial, recebendo os cantores no palco, igualzinho apresentador de TV. E assim, a cada "Limpa" eu aprendia uma coisa nova.

E incomodava cada vez mais, como não podia deixar de ser. Tanto que na edição de 2011 do evento, que aconteceria no Rio, recebemos o aviso: a Comlurb só apoiaria financeiramente a campanha se eu fosse desvinculado do movimento. Isso porque eu estava à frente de um protesto pedindo que o governo se posicionasse de uma vez por todas sobre o fechamento do aterro, que estava sendo anunciado, mas sem nenhum plano, e os catadores na iminência do desemprego. Cheguei a ser ameaçado, quase preso. E agora aquela represália, o recado do poder. Por isso, naquele ano, infelizmente não houve show. Mas não nos rendemos. Até porque esse tipo de joguinho também fazia parte do jogo, e a saída era continuar seguindo, sempre em frente.

O fato é que, com o *Lixo Extraordinário*, tudo mudava na minha vida. Sem querer, sem que pudesse dimensionar, a minha imagem ganhava outra força. De uma hora para outra, muito mais gente me conhecia. Era como se eu estivesse 24 horas na rede, sem poder desconectar. E ao mesmo tempo, tinha a oportunidade de viajar, conhecer gente, ter alguma visibilidade enquanto falava. Eu tinha virado um símbolo de superação, quase que mundialmente conhecido. E agora precisava me adaptar às consequências – boas e ruins – desse meu feito.

27. Do céu a Nietzsche

Aos poucos, eu entendia como o novo mundo funcionava. Afinal, o Tião de hoje não era mais só o líder dos catadores de Gramacho, mas um Tião que representava, pelo menos aos olhos dos outros, também a superação, a reciclagem, a exclusão, a desigualdade, a luta por um país melhor. Mais ou menos nessa época, quando eu me dava conta disso tudo, a Coca-Cola me procurou. Confirmando, de certa forma, que minhas especulações faziam sentido.

A Coca queria me contratar para um projeto novo, de uma campanha de reciclagem – e que ao mesmo tempo apoiaria algumas cooperativas de catadores. O tema da campanha era "cada garrafa tem uma história", e por um ano a imagem do meu rosto, formada por textos que contavam um pouco da minha vida, apareceria desenhada nas latinhas. O contrato também incluía anúncio, publicidade na TV, além de um *outdoor* de um lado ao outro da ponte Rio-Niterói. Um painel imenso, eu passava e nem acreditava que era eu.

Uma fase muito boa começava. Talvez agora mais calma, depois da primeira etapa daquele deslumbramento todo – que, aliás, era inevitável. Alguma estabilidade, eu gostava de pensar. Para coroar o meu momento, a Grande Rio me fazia um convite: desfilar pela escola no carnaval daquele ano, 2012. O enredo tinha tudo a ver com a minha vida – e de algum modo resumia minhas idas e vindas, num tema que eu conhecia de perto:

"Derrubar o gigante eu vou
É lição de coragem e amor
Eu sou guerreiro do bem vou caminhar
A minha história vai te emocionar [...]
Quem me viu chorar... vai me ver sorrir
Eu acredito em você... pro desafio
E abro meu coração, cantando a minha emoção
Superação é o carnaval da Grande Rio".

Superar era comigo mesmo. Não podia haver enredo melhor para mim, ainda mais naquele momento da minha vida. Aquela coisa de "derrubar o gigante", "guerreiro do bem", tinha mesmo tudo a ver. Era o oitavo ano em que eu pisava no Sambódromo, mas sentia como se fosse o primeiro. Desde uns 20 e poucos que eu ia quase todo ano catar latinha, eu e meus irmãos – mas atravessar a avenida de verdade, a festa acontecendo, todo mundo olhando lá para baixo, o samba pulsando bem perto, aquela era uma emoção completamente nova.

Nesse dia do desfile, 21 de fevereiro, a Grande Rio encerrando a noite, meus irmãos estavam lá, trabalhando como nos outros anos, a Cláudia, o Nilson, a Glória e a Claudeci. Quando me viram passar, foi incrível, eles pararam tudo, se apoiaram na grade gritando meu nome e desandaram a cantar o samba. Ao mesmo tempo, minha esposa e minha filha estavam me assistindo do camarote da Coca, como convidadas por causa do meu contrato. Duas partes da minha vida ali, de certa forma o "antes" e o "depois" – mas sempre conectadas ao meu "presente", à minha essência acima de tudo. Tudo isso ao som de uma música que parecia ter sido escrita para mim, para eu cantar ali, a melodia da minha história. Foi tudo muito, muito, muito emocionante.

Para completar a festa, um mês depois eu era indicado ao Prêmio Faz Diferença, do jornal *O Globo*, que desde 2003 elegia as figuras que mais tinham se destacado em várias áreas ao longo daquele ano. E acabei vencendo – meu trabalho na associação reconhecido, minha história inspirando outras depois de tanta transpiração. A entrega dos troféus foi no hotel Copacabana Palace, e dediquei o prêmio à minha família, em especial a minha mãe e meus irmãos, que foram os primeiros – quando não os únicos – a acreditar que meus sonhos tinham alguma chance de dar certo. Pois agora que davam, era a eles que eu devia tudo.

Eu ainda curtia o doce sabor daquele prêmio quando, poucos meses depois, em maio, soube de mais outra indicação: desta vez a Coca-Cola, que era uma das patrocinadoras dos Jogos Olímpicos de Londres, me convidava para participar do revezamento da tocha olímpica. Eu, o Renê, o Marquinho e a Duda, todos eles ligados a projetos sociais ou de esporte espalhados por comunidades do Brasil, conduziríamos a chama pelas ruas de Liverpool. A mesma luz que tinha me guiado agora estava nas minhas mãos.

TUDO IA INCRIVELMENTE BEM, MEUS projetos dando certo, a associação crescendo, a vida tratando de me fazer entender o tempo de tudo... ou talvez não. Talvez ainda houvesse algumas lições para aprender, algumas rochas a quebrar. Parecia que sim. Porque de repente o que estava solto, o que parecia já resolvido, voltou a se enrolar, e num nó quase cego. A vida tem dessas coisas.

Tudo começou quando descobri um nódulo na garganta – cheguei a achar que era câncer, operei e tudo, tive que ficar mais de um mês sem falar. Por conta da internação, aquela confusão toda de hospital, acabei perdendo o prazo para declarar meu imposto de renda daquele ano – e quando me dei conta, ainda me recuperando, tinha que correr com os documentos para não ter ainda mais problema. Pois a primeira coisa que fiz, recém-saído do hospital, foi falar com as minhas empresárias, expliquei a história e pedi as notas do pagamento da Coca-Cola, do contrato que elas administravam para mim, para a prestação de contas. Foi quando descobri o primeiro nó.

Sem que eu soubesse, elas tinham pedido à Coca que antecipasse o pagamento da segunda parcela do meu contrato, que seria feito em março, para dezembro do ano anterior – bem a época em que andei internado. Como foram elas que sempre lidaram com essas questões, não encontraram nenhuma barreira para conseguir o que pediam. O problema todo foi que, em vez de ficar com os 20% que lhes cabiam, como aliás tínhamos combinado no início da parceria, elas ficaram com tudo. E se recusaram a conversar a respeito, alegaram que aquele dinheiro era delas por direito, que tinham trabalhado muito – só que nada daquilo havia sido combinado. Para mim, foi um baque. Não sabia o que fazer. O que eu tinha feito de errado? Agora, não adiantava lamentar. A inexperiência, aliada à minha "mania" de confiar nas pessoas, e a tantas outras coisas, vinha cobrar a conta. E com juros altos.

Ainda estava atordoado, mas a dura verdade é que talvez eu não tivesse sido tão enganado assim. Digo, a ganância sempre esteve ali, eu acho, mas me recusei a ver. Nas coisas mais simples, mais corriqueiras – o modo como tratavam os mais humildes, o garçom, o motorista, era diferente do modo como tratavam os ricos, como se a educação fosse modulada, como se o respeito fosse diretamente proporcional à conta bancária, ao *status*, à velha e cruel "imagem".

Lembro de quando viajei para a Universidade de Harvard, um convite para falar sobre a situação do lixo no Brasil, e elas me disseram que ficariam hospedadas na casa de amigos, que talvez fosse melhor para mim ficar numa república dentro do próprio campus, com outros brasileiros, pessoal mais jovem etc. Eu tinha até gostado da ideia, realmente me sentiria mais à vontade ali do que num meio de desconhecidos, ainda mais que eu não falava inglês. Pois uns dias depois, meio que por acaso, fiquei sabendo que não, não era bem na casa de amigos que elas tinham se hospedado. As duas estavam num hotel de luxo, se esbaldando com bebidas e pratos caros. "O Tião não vai se importar", devem ter pensado.

Me importei, é claro, mas foi só depois do episódio da Coca, quando o desrespeito ultrapassou todos os limites, de forma "escancarada", para não dizer outra coisa, que a parceria acabou de vez. Fiquei chateado, não estava acostumado a romper com as pessoas, ainda mais assim, por causa de dinheiro. Até porque, e isso eu sempre reconheci, elas me ensinaram um bocado de coisa, deram toques importantes nos primeiros contratos, inclusive me alertaram dos riscos que eu corria por às vezes ser tão ingênuo – pelo visto, essa lição eu precisaria rever.

Lembro que ainda tentei conversar, na esperança de que revissem o "equívoco", mas não houve jeito, e não me restou saída senão levar o caso à justiça – e é por isso que seus nomes não estão mencionados no livro, mas isso é o que menos importa.

De uma hora para a outra, todo aquele sucesso, que de um lado me abriu muitas portas – e não só para mim, mas para Gramacho, para os outros catadores –, vinha fechar outras, como um preço a ser pago. Eu me deparava com os interesses, os julgamentos, a inveja de gente distante, mas também de gente muito próxima, e um novo tipo de preconceito. Agora eu era discriminado não mais – ou não só – por ser pobre. Mas também por estar deixando de ser.

Eu sabia que era difícil entender todas aquelas mudanças. Era para mim, para a minha família, para os meus amigos e também para os catadores que eu representava, para todos que estavam ao meu redor. Aquela nova vida tinha um lado muito glamouroso, sim, quase que acendia uma luz para você falar, mas também podia deixar tudo escuro. Era uma questão de saber lidar, de ser capaz de ligar e desligar. Mas eu, como marinheiro de primeira viagem, estava bem longe de saber alguma coisa.

Na minha cabeça, eu tinha era que aproveitar aquela visibilidade toda para atrair ainda mais atenção para as nossas reivindicações no aterro, para a sobrevivência dos catadores que ainda lutavam no lixo. Um dia, depois de muito esforço, e viagens, e discussões, lembro que consegui levar toda a comitiva do governo – as três esferas, federal, estadual e municipal – para dentro do aterro. Era uma chance que nunca havíamos tido, de mostrar, de falar cara a cara, de sermos ouvidos. E eu fui vaiado por todos os catadores.

Lá pelas tantas, um menino perguntou:

– De que adianta fazer tudo isso se você não vem mais nos ver?

Para eles, eu tinha que estar ali, e também lá, falando com o governo, tudo ao mesmo tempo. Caso contrário, era como se eu os tivesse abandonado, os deixado órfãos. Diziam que agora eu era rico, que só queria saber de aparecer na TV. Eu entendia a angústia deles, bem na época o comercial da Coca estava passando direto, eles me viam e achavam que a minha vida se resumia àquela cena, a maquiagem, o colorido, a música, tudo lindo e perfeito. Que eu tinha virado as costas para eles, para a luta de toda uma vida, ido embora por causa de algum dinheiro, alguns holofotes piscando na minha frente. Só que não.

E eles também precisavam entender. Afinal, eu não estava passeando, me divertindo, não. Eu estava era fazendo as políticas que agora tínhamos a chance de fazer, e já não dispunha mais do tempo de antes para estar com eles todos os dias, nem para conversar com tanta frequência. Até porque ser um líder é bem mais que isso. Foi mais ou menos o que eu expliquei lá no bendito dia da comitiva – o mesmo dia das vaias, em que depois me aplaudiram –, o tal menino que me questionou pareceu entender, eu me desculpei, até que no fim ele deixou escapar:

– É que o governo, Tião, pode até ser importante, mas você é muito mais importante pra nós.

Era claro que eu tinha um compromisso imenso com aquelas pessoas. E estava disposto a continuar sendo o amparo de que eles precisavam. Se dependesse de mim, nunca as decepcionaria. O problema todo é que a vida não é, assim, tão simples. E nem tudo depende só de nós. Logo, logo eu descobriria que desfechos como aquele, com final feliz, em que tudo termina bem, estavam longe de ser maioria. Agora começaria a temporada de ataques, de todos os tipos, de todos os lados. Eu sentia na pele as contradições daquele momento. A história do bônus e do ônus, do preço do sucesso, da porta que se abria para outra fechar.

Na teoria, eu estava vivendo o melhor momento da minha vida – colhendo os frutos de anos de esforço, tendo minha história estampada na latinha da Coca-Cola, tendo voz para dizer o que sempre esteve entalado.

Mas na prática, no meu dia a dia, ou pelo menos dentro de mim, vivia momentos muito difíceis. De um lado, sonhos se realizando, do outro, a rejeição, a culpa, a tristeza, e tudo isso por estar exatamente onde estava – exatamente onde tinha lutado tantos anos para estar. Eu ganhava e perdia, na mesma luta. Vivia o auge da fama. Mas também o auge da inveja.

Sem falar que na época, eu ainda novo, sem muita experiência, não tive a maturidade necessária para redimensionar as coisas. Aquela coisa de ver o problema de cima, que é o ângulo certo, sem tanta emoção, sem tanto envolvimento. Ao contrário: sempre que olhava para a situação, enxergava um bicho de sete cabeças, tudo distorcido, ampliado, e me sentia mal. Por causa disso, fui parar no fundo do poço, sofrendo com julgamentos que não faziam sentido, mas mesmo assim me machucavam.

Primeiro, comecei a ser questionado pelo sucesso que fazia, acusado de ter virado as costas para as minhas origens, para os meus companheiros, de ter me esquecido de onde vim, e me criei, e me alimentei para chegar onde estava.

– Ele nos usou para chegar lá – uns diziam.

– Ele agora só quer saber de aparecer – e muito mais.

Mas, não, aquilo não era verdade. Eu estava o tempo todo ligado ao meu passado, e olhava para trás a cada realização, sempre motivado por ele, pela minha luta primeira, a que tinha me levado a acreditar em mim mesmo e em cada um dos catadores, quando o resto do mundo me achava um louco. Mas o que não faltava era dedo apontando na minha cara, reclamando do que eu fazia, do que eu não fazia, do que eu pensava em fazer. Era difícil agradar a todos. "Você sabia que o Tião presta consultoria e ganha tanto?", era a fofoca da vez, um dia fiquei sabendo. Mas aquele era o meu emprego, ora! Então do que eu passaria a viver?

A coisa foi tão séria que chegaram a escrever para a Coca-Cola, não sei quem foi, dizendo que eu era usuário de cocaína, que batia na minha mãe, coisas horríveis. Quando soube, fiquei ainda mais para baixo – como tinham coragem de mentir assim, só para me prejudicar? Minha sorte foi que o pessoal da Coca, que já devia estar acostumado a intrigas do tipo, não acreditou:

– Não liga, não, Tião. Nós sabemos que isso é inveja, não vai dar em nada.

Mas e se tivesse dado? Afinal, aqueles eram "bons" motivos para a empresa suspender qualquer relação comigo, inclusive o contrato, que era de onde estava vindo meu sustento naquele momento. Minha mãe nunca ficou sabendo disso, minha esposa só bem depois, quando a poeira já tinha baixado. Sempre tentei poupá-las desses respingos, mas tinha vezes que não dava. Como quando tentaram me tirar da liderança do Movimento Nacional dos Catadores, plantando denúncias das mais absurdas, que eu era traficante, formador de quadrilha e daí para pior.

Outros, querendo me desqualificar, diziam que eu só tinha chegado aonde cheguei porque ocupava o cargo tal, que se não fosse assim tudo seria diferente – como se eu não fosse de fato capaz, como se tivesse tido sorte, apenas, e aquele reconhecimento todo fosse fruto só de um conjunto de circunstâncias aleatórias da vida. Até que um dia, cansado de ouvir tudo calado, decidi dizer algumas coisinhas também. Foi numa assembleia de catadores, o pessoal todo reunido, amigos, conhecidos, gente que queria o meu bem, gente que nem tanto:

– Meu nome não é presidente, meu nome é Sebastião Carlos dos Santos – tentei explicar. – Porque não é um cargo que faz uma pessoa, e sim o contrário.

O que eu queria que entendessem era que todos lá eram lideranças, ou pelo menos tinham tanta autonomia que eu para ser. Só que, em algum momento, eu tinha feito algo diferente, ocupado um espaço diferente – por isso as coisas aconteceram comigo. Mas podiam ter acontecido com ele, ou com ela, ou com você. Porque a vida é assim: tem coisas que vão acontecer comigo, mas não com você, e vice-versa. Coisas boas e ruins, e necessárias. Não sei a explicação, mas acho que é uma mistura de tudo – esforço, merecimento, acaso, destino, fé. Só não acredito que apenas um deles, sozinho, possa definir a vida de alguém.

Faz pouco tempo, quando anunciei que deixaria a representação do Movimento Nacional no Estado, todos ficaram desesperados pedindo para eu ficar. Mas decidi que não. As pessoas têm que ter responsabilidade – porque é muito fácil criticar quando não se sabe onde o sapato do outro aperta. As pessoas querem ser, mas não querem a responsabilidade do que é ser. Querer ser todo mundo quer. Mas ninguém pergunta o quanto se trabalhou, o quanto se teve que estudar, o quanto se sofreu.

Num desses dias de tristeza, encontrei um livro que eu tinha comprado num sebo, do Zuenir Ventura, chamado *Inveja, um Mal Secreto*. Foi quando comecei a compreender. Até aí, eu vinha sendo um menino, ingênuo, sem malícia para ver as coisas. De repente, precisei crescer. A decepção me mostrou que o mundo é assim mesmo – que a crueldade não está só lá no tráfico, nem só nos corpos soterrados no meio do lixo. Ela está onde nós estamos.

Como se tudo isso não bastasse, a vida me preparava mais uns nós. Depois de anos de espera, soubemos que o aterro fecharia de qualquer jeito. Feito o anúncio oficial, o governo convocou uma série de reuniões para discutir o tal plano de fechamento, isso entre 2011 e 2012. O que para uns era um alívio, para outros era um desespero, "do que viver agora?", "onde trabalhar?", vários catadores me questionando como se eu tivesse algum poder para evitar que o lixão fechasse. Diziam: "Não foi você que encheu nosso saco com essa conversa de que nós tínhamos direitos? Então nos ajude!". O que eles não entendiam é que aquela era uma decisão federal, motivada pelas condições físicas do terreno, que já não aguentava receber tanto lixo, depois de mais de 30 anos de funcionamento indevido.

O processo todo foi demorado e difícil, e envolveu tudo quanto foi gente – a Prefeitura, a Secretaria do Meio Ambiente, o governo do estado, Caixa Econômica, Sesc, Senac, Comlurb, Ministério Público, assistentes sociais, psicólogos e, claro, nós, catadores. Teoricamente, o lixão fecharia como tinha recém-fechado o de Itaoca, em São Gonçalo – deixando os catadores a Deus dará, completamente desamparados, sem renda, sem casa, tão miseráveis que a imprensa os apelidou de "os sem lixo".

Isso porque todas as questões envolvendo aterros sanitários no Brasil eram regulamentadas até então pela Política Nacional dos Resíduos Sólidos – e essa política não previa nenhum tipo de indenização aos catadores no caso de o lixão um dia parar de funcionar. Acontece que, de tanto ler e pesquisar, acabamos descobrindo em outra lei, a de saneamento, um ponto que previa um tal "pagamento sobre serviço ambientalmente prestado". Tinha a ver, e se juntássemos as duas teríamos como provar que nosso pedido de indenização, naquele caso, era mais do que legítimo. Com aquela brecha, Gramacho se tornava o primeiro aterro fechado a indenizar seus catadores. E inspirava outros companheiros, de outros lixões, a correr atrás dos seus direitos como nós havíamos feito.

Apesar dessa conquista, nossa novela ainda estava longe do fim. Os desafios só aumentavam: agora era hora de definir, naquele mundo de catadores, quem indenizar, como e através de que órgão. Foi montada uma grande assembleia para decidir o que fazer com os 23 milhões de reais que, depois de muita luta, conseguimos que fosse destinado ao fundo dos catadores – se seria pago em dinheiro vivo ou por meio de capacitações, se entregue de uma vez ou dividido em parcelas. Depois de muita discussão, gente contra, gente a favor, acabou decidido que cada catador devidamente cadastrado receberia, em dinheiro, cerca de 13, 14 mil reais. A notícia saiu na TV e fez brotar catador para se cadastrar, alguns de outros aterros, outros que nunca tinham trabalhado em lixão, tudo para receber o bendito do dinheiro.

Era um domingo, dia 3 de junho de 2012, quando o aterro fechou oficialmente. Teve uma espécie de cerimônia com o prefeito do Rio, Eduardo Paes, dizendo – quase "em clima de festa" – que o Rio não admitiria mais nenhuma violência contra o meio ambiente. Uma manifestação até "bonita" para quem não conhecia os bastidores da história, não sabia que havia uma outra violência ali, camuflada pela desinformação, entre catadores "comemorando" o fim de uma "fase ruim de suas vidas". De perto, nós sabíamos que não era bem assim. Apesar de todos os problemas que o aterro representava, e de fato representou por muitos anos para o meio ambiente, aquelas pessoas continuariam desamparadas como sempre estiveram, e ainda mais agora, sem aquela opção de renda vinda do lixo.

Uns dias depois da tal "cerimônia", o prefeito disse que criaria uma agência de desenvolvimento local com assistentes sociais, advogados e outros profissionais para atender às demandas que fossem surgindo, as questões pós-aterro. Mas é claro que seu "compromisso político", que chegou a ser veiculado na mídia e tudo, para variar não foi adiante. E a situação dos catadores só pioraria.

E tinha mais. Os pagamentos das indenizações começavam a ser feitos, a ACAMJG à frente dos encaminhamentos necessários – e eu à frente de todos os pepinos que não paravam de brotar. De repente, todo mundo que morava no bairro queria receber o dinheiro. O pessoal dizia que era catador, sim, mesmo não sendo, e me exigia que pagasse a parte que lhe cabia. Me acusavam de deslealdade, que eu tinha a obrigação de conseguir aquele dinheiro. Acho que, na cabeça deles, era como se eu tivesse um talão de cheques em branco na minha casa e pudesse perfeitamente sair assinando a quem bem entendesse, como se aquela decisão não dependesse de mil fatores, o processo todo controlado pelo Ministério Público Federal, pela Caixa Econômica, vários órgãos acompanhando tudo. Eu, como presidente da associação que os representava, estava ali para apoiá-los no que precisassem, claro, orientá-los no que pudesse, mas só poderia lutar pelos direitos de quem de fato tivesse direitos a ser reivindicados.

A pressão sobre mim foi tanta que comecei a ser ameaçado pelos traficantes locais. Lembro do dia em que tive que ir à boca de fumo para me "explicar" aos caras, que se prestavam a ouvir as "queixas" do pessoal me acusando de estar dificultando as coisas, querendo prejudicá-los, como se eu tivesse mesmo algum tempo praquilo. Eu sabia que quem alimentava as tais intrigas eram na verdade os atravessadores – alguns donos de depósitos mal-intencionados –, que sempre foram contra o fechamento do aterro, sustentados que eram pela exploração dos catadores. Pois eles tinham acabado de perder a fonte fácil de renda, a "mamata" de anos, e é claro que agora estavam loucos para se vingar de quem julgavam culpado. Muitos deles vieram me ameaçar, arranharam o carro da Valéria, furaram os pneus, pintaram e bordaram conosco. A sorte é que havia algumas pessoas lá dentro que me conheciam e, aos poucos, bem aos poucos mesmo, foram parando de incomodar.

Para piorar ainda mais as coisas, se é que havia essa possibilidade, mais ou menos na mesma época meu sogro adoeceu feio. Câncer também. No pâncreas. Eu já trabalhava no "Limpa, Brasil", estava viajando direto por causa dos eventos. Na volta de uma das viagens, num intervalo de menos de duas semanas, me surpreendi quando entrei no quarto: ele estava completamente diferente, magro, pálido, parecia outra pessoa. A Nonô já tinha me preparado, mas mesmo assim foi um choque vê-lo daquele jeito, tão fraco e debilitado, o mesmo sujeito que estava forte fazia poucos dias. Mesmo assim, cheguei brincando com ele, de bom humor, sempre a esperança de um milagre no último minuto:

– O senhor tem que melhorar logo, pra nós capinarmos, fazermos o galinheiro – que ele adorava esses trabalhos de roça, e era o que estava fazendo até descobrir a doença.

Seu Finho forçou um sorriso, se esforçou para parecer bem. Mas nós víamos que a situação não era fácil. Todo mundo começou a sentir uma coisa no ar, ele migrando de hospital em hospital, exame atrás de exame, e a doença evoluindo. A Nonô fingia força, enquanto a Clara se aproximava ainda mais do avô. Quando minha cunhada Fafá, que era enfermeira, ia fazer o curativo, ele não deixava ninguém ficar por perto, nenhum sobrinho, nenhum neto – só a Clara. Apesar do momento difícil, os dois continuavam companheiros, ele lutando na medida das suas forças, ela fazendo graça sem entender muito que aquele era um momento sério. Mas bastou saber que teria que usar para sempre aquele dreno, e que só assim poderia viver, parece que Seu Finho desistiu de lutar. Chegamos a interná-lo por um tempo, mas assim que teve alta pediu para ficar em casa, passar as últimas semanas com a família. Morreu em seguida, no dia 14 de julho de 2012. Foi bem triste, a Nonô ficou sem chão, minha sogra também.

Sem falar que ele lembrava muito o meu pai, pela amizade que nós acabamos construindo, e também pela doença, que o levou como levou meu pai, de uma hora para a outra, e no caso do meu sogro ainda mais rápido. De certa forma, vê-lo indo embora daquele jeito, as circunstâncias tão parecidas, me trouxe de volta a perda do velho. Senti de novo a saudade apertada de cinco anos antes, uma dor que eu achava que já tinha superado, mas é o tipo de coisa que nunca se supera.

Aquela era uma época tumultuada, sem nenhuma dúvida. Depois dos momentos de glória, as viagens, os prêmios, o reconhecimento, o Oscar, a tocha, as portas se abrindo, era a hora de rever também o outro lado da história, a vida real chamando para mais uma temporada na Terra. Sendo que agora, somada aos problemas normais da minha vida, tinha a tal "visibilidade", que me perseguia aonde quer que eu fosse. Porque ao mesmo tempo em que estavam voltadas para mim, me destacando na multidão, aquelas luzes me cegavam – mas, ainda assim, eu precisava continuar vendo, mais que nunca, o que a vida me dava, e o que a vida me tirava.

Vendo que eu sofria sem saber como sair daquilo, um dia um amigo perguntou:

– Tião, por que você não procura um psicólogo?

Eu nunca tinha cogitado aquela possibilidade. De onde eu vinha, nós estávamos acostumados a ouvir que rico é que levava o filho ao psicólogo, enquanto o pobre curava era com umas boas palmadas. Já não era mais o caso, e decidi encarar.

Não deu muito certo. Primeiro, porque já entrei na sala achando que a psicóloga viria com 1.001 soluções, resolveria todos os meus problemas, me diria exatamente o que fazer nas situações críticas da minha vida. Claro que não foi o que aconteceu, ela me pediu para falar dos meus problemas, eu contei, então pareceu que eu teria que ficar falando a tarde toda. De jeito nenhum desmerecendo a profissão, mas quando vi como a coisa funcionaria – pelo menos naquele meu caso específico –, entendi que não era daquilo que eu estava precisando, mas de outro tipo de conversa, quem sabe outra estratégia. Que talvez o melhor fosse tentar me curar sozinho mesmo.

O fato é que eu sempre fui muito niestzschiano, aquela história de não ser influenciado, de definir o próprio destino, não querer uma bengala para sustentar a vida. O que ele diz da religião, por exemplo – que, por um lado, a Igreja nos conforta, serve de alento, mune de fé e esperança; mas, por outro, impõe suas regras, porque o padre manda você ajoelhar, orar. Ou seja, é preciso se enquadrar para fazer parte. Ela cura, mas se transforma numa bengala para o resto da sua vida, de modo que você passa a precisar dela para se sentir feliz, confiante, completo. Eu nunca quis isso para mim.

E foi mais ou menos como passei a ver a terapia com o passar do tempo, a mesma dependência, talvez. Não digo que a psicologia não seja boa, tem muita gente que se identifica, já se curou e tudo. A única coisa que eu acho é que tem que ter uma porta de entrada e outra de saída. Não dá para entrar e ficar lá. Tem gente que faz terapia por 20 anos – o que é isso? O terapeuta virou uma bengala, já deve estar de saco cheio, ele de você e você dele. Parece que perde a finalidade, confunde a necessidade, não sei. Eu tenho uma amiga que faz terapia há quase 30 anos, e eu brinco que desse jeito ela não vai se curar mais. E não, eu não quero que comigo seja assim, não quero uma bengala para a minha vida.

Às vezes, para quebrar o gelo, brinco que as minhas questões são tão loucas que nenhum psicólogo me aguentaria. Mas o fato é que sou mesmo adepto da filosofia de Nietzsche. Que me ajuda sem me viciar, sem me fazer dependente. Então voltei para dentro de mim mesmo, sentei lá, quieto, no meu canto, sofri, chorei, gemi. Até que foi passando, aos poucos, com o tempo, porque não tem uma fórmula milagrosa. Aos poucos, fui aprendendo a aceitar mais as pessoas, mas principalmente a mim mesmo. Aprendendo a me perdoar, a não me culpar por todos os problemas do mundo. A aceitar que as pessoas são diferentes, e que às vezes elas vão errar, e vão errar feio, e talvez nunca peçam desculpas, e nunca mudem, e não enxerguem o nosso lado da situação. Mas o tempo é sempre o melhor remédio.

E assim fui me curando, à medida que fui crescendo. Não necessariamente na idade, mas nas experiências, nos tropeços e nas quedas. Não é que fiquei bem, que tudo passou, toda a dor, toda a mágoa – é provável até que voltem um dia, mas assim é a vida. Nós vivemos as coisas e elas [illegible]ssam, e às vezes voltam, outras, não. Depende de como decidimos [illegible]-las. De como queremos – e como podemos – encarar o mundo.

28. Política na veia

Fechado o aterro, uma nova história precisava ser escrita. Pelo governo, pela sociedade, pelos catadores. O problema é que aqueles que podiam fazer alguma coisa por nós, que tinham autonomia ou influência, não pareciam nem um pouco preocupados com a nossa situação. O lixão não existia mais, mas as consequências ainda estavam lá, sufocando a nova rotina, espremendo cada vez mais as perspectivas de um futuro. Para onde ir agora? O que fazer com as nossas vidas?

Da noite para o dia, o aterro de Jardim Gramacho tinha virado uma cidade fantasma, transformado numa usina para captação de gás. Os depósitos foram os primeiros a falir, sem ter mais a quem explorar. E o dinheiro recebido pelos catadores não duraria para sempre. Sem nenhum suporte, a maioria gastou tudo rápido, comprando aparelho de celular, TV de plasma, um ou outro equipamento da moda. Os 13 mil logo se foram, e tudo voltou a ser como antes. Era o fim da "economia do lixo", da fonte de renda que nos alimentava, da opção para a falta de opção. O único jeito era recomeçar do zero.

A grande questão é que a maioria já não tinha mais tempo para isso. Muitos catadores já estavam velhos, exaustos de tanto trabalhar. Minha mãe mesmo, depois de anos catando no aterro, já não tinha mais fôlego para o trabalho pesado, fora as doenças que herdou de Gramacho – perda de uma das vistas, osteoporose, hipertensão, diabetes, asma, além de outros problemas respiratórios. Como ela, muita gente ficou sem alternativa. A sorte é que tínhamos a associação, e que agora eu tinha condições de ajudar a minha família, mas e quanto aos outros?

Em 2013, um jornal daqui do Rio fez uma reportagem sobre Gramacho. Eles queriam mostrar que fim tinha levado o aterro um ano depois do fechamento, "denúncias" que para nós não eram surpresa nenhuma: entre promessas não cumpridas, desemprego geral, total abandono, nenhuma oportunidade para quem passou uma vida inteira catando lixo. A associação ainda tinha conseguido empregar alguns catadores, mas isso por nossa causa, das nossas lutas independentes, que o que era papel do governo, a inclusão, a capacitação, a transição para outros mercados, isso nunca chegou. E ainda bem que não ficamos esperando sentados.

O que era possível nós fazíamos, a ACAMJG sempre correndo atrás de verba, incomodando o governo, saindo às ruas. E ficando por lá, a postos, principalmente para orientar o pessoal naquela confusão que se tornou para alguns receber a bendita da indenização. Quase 200 catadores, pelos mais variados motivos, acabaram tendo algum problema na hora de receber. Porque indenizar os catadores, todo mundo sabia, não era tarefa nem um pouco fácil, nunca foi. Não só por causa do governo, sempre questionando quem merecia aquele dinheiro, mas principalmente por nossa causa – pela falta de regras do aterro, a tal "liberdade" da terra de ninguém, o fato de ter alguns catadores, apesar de todos os esforços, ainda sem qualquer documento, nem mesmo registro de nascimento. E sem existir não dava para exigir nada.

Fora isso, cada um tinha uma história de vida, cheia de particularidades, e não dava para o governo ficar ali, escutando cada uma delas individualmente. Mas nós podíamos, a Valéria estava sempre por perto nos ajudando a encaminhar os casos mais difíceis. Lembro-me de um que foi me procurar um dia, sem entender por que ainda não recebera a indenização. Confirmei seu nome, chequei que estava cadastrado, que não tinha nada de errado com a situação dele, pelo menos a princípio, quando me contou: ia fazer 15 anos que estava foragido da justiça, mas desde então tinha mudado de vida, reconstruído tudo do zero. E que precisava muito daquele dinheiro. Eu ouvi a história, entendi a situação, mas expliquei que não poderia resolver nada ali, sozinho, naquele momento, e que tentaria achar uma solução para o caso dele. Mas, na cabeça do cara, era como se eu estivesse quase me negando a ajudá-lo, como se tivesse a obrigação – e o poder – de resolver ali todos os problemas do mundo.

E foi assim por muito tempo, os outros achando que eu tinha obrigação – por ser o líder do movimento – de fazer e acontecer, como se não dependesse de ninguém para nada. Até hoje, as pessoas vêm reclamar comigo, chega a ser engraçado – é do caminhão que passa na rua, da água que não chega, da casa que não tem. O povo me acusa, cobra, xinga, mas basta ter um probleminha que já vão lá bater na associação, confiando que vou ouvir, dar atenção, ajudar de verdade. Tem horas que eu me sinto praticamente prefeito de Jardim Gramacho, governador, mas eu não esquento a cabeça, não. Acho que, se isso acontece, é porque estou sendo útil. As pessoas cobram de quem pode fazer alguma coisa por elas. Elas não têm acesso ao governador, ao prefeito, nem a um monte de coisas de que precisam. E me veem como a pessoa que pode fazer alguma coisa por elas. Ninguém me obrigou a ser liderança, eu me tornei porque quis. Então esse é o meu papel.

Sem falar que essa cobrança não é o que mais me preocupa. Os maiores problemas que enfrentei não vieram dessas pessoas, mas de outro pessoal, que me vê como ameaça política, e que por isso acha que tem que – e pode – me "neutralizar". Faz pouco tempo, até pedra jogaram na associação, quebraram os vidros e tudo, tivemos que fechar o polo por uns dias, até contratar dois seguranças. Depois, soube que fui denunciado de novo, anonimamente de novo. Por coincidência, uma das denúncias havia sido protocolada um dia antes da data do pagamento das indenizações. E a tal denúncia ainda chegou até mim de um jeito meio duvidoso, encaminhada por uma secretaria que não tinha nada a ver com a história dos pagamentos – e cujo subsecretário era vereador na época. Uma história que parece confusa, eu sei, mas só até ligarmos os pontos. E descobrir que, nesse meio, a coisa é mais sórdida do que se pensa.

Recentemente, por tudo o que eu construí, e continuo construindo, uns amigos começaram mesmo a colocar pilha para eu entrar para a política, de repente um cargo em Caxias, repetir pela cidade o que havia feito pelos catadores. De tanto que falaram, fiquei mesmo um pouco balançado, imaginando mil coisas, se aquilo um dia poderia ser real. Quando fui ao programa do Jô, ainda em 2011, foi engraçado, ele levantou a mesma questão: primeiro, perguntou se eu já tinha estudado economia; depois, se eu já tinha pensado em ser presidente da República. Confesso que acendeu aquela chama, cheguei a fantasiar a cena, mas na hora desconversei. Por mais que aquilo tudo pudesse mexer comigo, algo me dizia que não era a hora. Ainda tinha um longo caminho pela frente, uma estrada imensa de aprendizados. O PJ mesmo um dia veio me dizer:

– Você, Tião, é um animal político, sabe articular e ao mesmo tempo tem convicções – falou. – Mas ainda tem muito a aprender, a estudar mesmo, sobre o mundo, sobre a vida, e até sobre a própria política.

Ele tinha razão. Tanto que meu sonho agora é investir na minha formação, fazer uma faculdade, estudar inglês. Sendo muito sincero, pelo que acompanho do Brasil hoje – essa corrupção toda – não me animo muito a seguir carreira política, pelo menos não agora. Por outro lado, nós estamos vendo a juventude lutando, em 2013 tivemos as manifestações, então acho que podemos ter, sim, uma política mais limpa. Porque política é política em todos os lugares, tem os desvios, mas às vezes eu acho que no Brasil a corrupção não afeta apenas alguns setores, mas a sociedade inteira – que, no mínimo, a aceita. Talvez agora não mais, porque parece que a sociedade está se revoltando. Espero que no futuro eu pense diferente, tenha mais vontade de tentar – porque, no fundo, é nisso que eu acredito, na política para a mudança, mas uma política feita sem ganância, sem vício, sem milhares de outros interesses que só a desviam do rumo.

Independente disso, de ocupar ou não um cargo de vereador, ou de deputado, ou até de presidente, eu sou *político* por natureza, eu respiro política, é ela que me motiva a acordar todas as manhãs, a lutar pelas coisas em que acredito. Desde o início, foi isso que me fez ir adiante, enfrentar meus monstros e os monstros do mundo, acreditar que eu poderia chegar. Até que cheguei – mas é claro que essa é só a metade do caminho.

Pois agora eu quero ir além, voltar a estudar – e ter tempo para me dedicar a isso, ter tempo de amadurecer. Ano passado, já dei um primeiro passo nessa direção quando deixei a representação do movimento, depois de cinco anos à frente da comissão nacional do estado, tempo de inteira doação, trabalho duro, pesos que carreguei sozinho, sem dividir com ninguém. Então chegou a hora de passar a bola, dar a outro a chance de escrever a sua história também. Até porque a porta da liderança é de entrada e de saída. Uma hora, nós temos que continuar, e continuar implica conseguir mais coisas, mas ao mesmo tempo deixar outras para trás, boas e ruins, responsabilidades e conquistas.

Hoje, meu sonho é fazer faculdade de Sociologia e depois me aprofundar em Ciências Políticas. Antes, claro, tenho que terminar a escola, que tive que largar por causa de todo o resto. Quero estudar mais sobre resíduo e reciclagem, e assim, aos poucos, seguindo os conselhos do PJ, ir lapidando a minha liderança, o meu olhar sobre o mundo, sobre a desigualdade, sobre a mudança. O Nanko – que é o meu pai ainda vivo, o que ainda pode me ouvir e me dar conselhos – já disse que me apoiaria, talvez role um financiamento para eu estudar na Holanda. Minha vontade é conhecer o processo de tratamento de resíduos por lá – parece que é avançado –, e trazer ideias que nos ajudem a pensar numa alternativa também para o Brasil, levando em conta as necessidades daqui.

Mas enquanto esses planos não tomam forma, eu sigo firme na associação, que é o lugar que sempre teve e sempre vai ter um pedaço de mim. Ainda hoje, como presidente e líder do grupo, eu sou meio que o responsável por fazer todas as relações lá dentro – entre os catadores e o pessoal das cooperativas, entre nós e o governo, entre a ACAMJG e as empresas com potencial de parceria, e por aí vai. Eu sou tipo um relações públicas, eu penso os projetos, bolo as estratégias, falo com as pessoas. Só que, atualmente, não recebo mais por isso – eu só exerço, voluntariamente mesmo, minhas funções enquanto presidente, que estão definidas no estatuto.

No início, eu recebia, mas então arrumei minha primeira consultoria, ganhei meus primeiros 1.000 reais, e decidi abrir mão do meu salário. Não achava justo continuar recebendo, já que eu não precisava mais daquela grana para me manter. Hoje, todo mundo que trabalha lá, exercendo alguma função, recebe um salário – mas, graças a Deus, eu consigo viver bem das minhas consultorias.

Ainda mais que a situação mudou muito depois que o aterro fechou. O volume de material recebido diminuiu drasticamente, e o que nós fazemos hoje é basicamente a coleta seletiva de materiais que buscamos direto da fonte, nas próprias empresas. O pessoal vai até supermercado, esses lugares maiores, e monta uma barraca, com o nome da associação, para recolher o que dá até o fim do dia. Com menos material, menos espaço, infelizmente não dá para empregar tanta gente. A própria Coopergramacho hoje vai de mal a pior, está cheia de dívidas, praticamente faliu. Daí o desamparo do pessoal, que só aumenta a cada ano.

Apesar disso, nós lá na ACAMJG temos conseguido algumas coisas – às vezes doação de empresas interessadas em apoiar a reciclagem, computadores para o centro de ensino, dinheiro para comprar caminhão, verba do governo para construir mais galpões, para assim aumentar a quantidade de gente trabalhando, mas é tudo demorado, o caminho longo, negociações lentas, lutas de uma vida inteira. Pelo menos, ver aonde nós chegamos compensa – e muito – toda a espera.

Hoje em dia, a associação tem uma cara, uma estrutura própria. Estamos montando tudo devagar, mas só de pensar que até pouco tempo o escritório vivia vazio, não tinha móvel, e agora já tem as mesas, as cadeiras, as prateleiras, é um presente. Nós já temos um escritório, uma sala de informática, a sala da assistência social – que é da Valéria, ainda está meio cheia de tralha, mas esperamos contratá-la em breve, que por enquanto ela trabalha de graça – e uma salinha que vamos transformar numa biblioteca. E eu gosto de enfeitar minhas estantes com carrinhos e livros – sendo que os carrinhos, a maior parte deles, nós achamos no lixo. Alguns vieram daquela empresa, Caçula[15], que antes jogava no lixo o que não servia, peças com defeito, mas agora está nos doando. E eu aproveito tudo, conserto o que está quebrado, doo para as crianças, mando para uma creche que funciona na antiga casa onde eu morava. Já os livros, quase todos os que "enfeitam" a estante eu ganhei, que os do lixo, coitados, já estavam num estado crítico.

A verdade é que, depois que descobri Maquiavel, não parei mais de ler, fiquei "ganancioso" por livro. Comecei a pedir de presente, e também a comprar. Os que mais gosto são os de política, liderança, estratégia. Adoro Nietzsche, Max Weber, mas também Dan Brown, que é mais de aventura, e leio também autoajuda, gostei muito de *O Monge e o Executivo*. Eu não tenho preconceito com nenhum gênero, até porque leitura só vem para somar. E leio onde dá, sempre que dá – acabo encontrando muito tempo nas viagens que faço, no ônibus, no avião, no aeroporto. Todo mundo tem tempo para ler, só não lê quem não quer. Nessas viagens para fora, então, dá para ler o livro todo – mas eu não gosto de terminar um livro inteiro na viagem, gosto de ir lendo aos poucos, "vivendo" aquilo que estou lendo. Minha irmã, Glória, é que brinca que eu *sou* o que *leio*, e é verdade.

Acho, aliás, que *A Escola dos Deuses*, um livro que li recentemente, de um autor italiano chamado Stefano D'Anna, traz algumas respostas para a crise política que vivemos hoje. Ele fala que, para termos uma sociedade mais saudável, é preciso evoluir ser humano por ser humano, célula por célula. Que os governantes que temos aí não fazem jus ao poder que têm nas mãos: a maioria é egocêntrica, vaidosa, materialista,

15 Empresa carioca atacadista e distribuidora que atua nas áreas de papelaria e informática.

não se doa, não se preocupa de verdade com aqueles que representam. E que a sociedade precisa mesmo é de um novo líder, mais humano, mas também de uma nova economia, voltada para o bem social, e não como a que nós temos hoje, voltada para fazer ricos e pobres.

No fim das contas, acho que é esse o grande mal das pessoas: elas estão cada vez mais ligadas ao dinheiro. Não têm aquela coisa da missão, de querer mudar, olhar para si mesmo e ter vontade de crescer. Porque quando nos dispomos a olhar para dentro – a reconhecer erros e fraquezas –, nós entendemos que certas vaidades não levam a nada. E que a maior parte dos obstáculos que enfrentamos na vida é alimentada por nós mesmos. No fundo, o que estamos tentando, com repetidos erros, é suprir nossas lacunas, tapar nossos buracos. Talvez justificar nosso vazio pessoal.

Esses dias, me pediram para citar um político que admiro, dos dias de hoje, e foi difícil encontrar um, de verdade. Já fui muito admirador do Obama, do próprio Lula... mas hoje em dia o Obama não passa de um bisbilhoteiro. O Lula me decepcionou também. Não tanto como figura política – sei que ele trabalhou direito por muita coisa, finalmente tirou o país da linha da pobreza –, mas como o cara que tinha a chance de implementar uma política mais honesta, menos corrupta, sem a tal da "politicagem". Isso ele não foi capaz de fazer, não. Nem ele, nem a Dilma.

Eu não sou pessimista. Pelo contrário, acredito que o país pode mudar, sim, mas penso como o Stefano: antes, a sociedade vai ter que evoluir célula por célula. Acho que nós ainda vamos ter que aturar essa coisa da corrupção por mais uns três, quatro mandatos. Depois que eu vi o pessoal nas ruas, comecei a acreditar um pouco mais. Os jovens de hoje parecem menos tolerantes à corrupção do que os jovens da minha época, e mais passionais também, agem mais movidos pela emoção. Acho que, no fundo, têm mais coragem para enfrentar as coisas.

Eu nasci no início da democracia, em 1979, então ainda presenciei a ferrugem da ditadura, mas eles não sentiram nem o cheiro da ferrugem. E não têm um pingo de medo de ir lá bater na porta do governador e fazer escândalo. Eu acho isso incrível. Quem mais iria na porta do governador? Nem no tempo das Diretas-Já, dos Caras-Pintadas, isso aconteceu. Por isso, penso que ainda teremos, sim, mais alguns anos de luta pela frente, mas que é possível transformar as coisas. Só que para isso é preciso mudar. Porque não dá para mudar um corpo em que as células continuam as mesmas. Para curar um câncer, tem primeiro que acabar com as células cancerígenas. E esse câncer ainda não foi curado, não. Foi só uma sessão forte de quimioterapia.

Por tudo isso, pela situação do nosso país, da nossa política, pelas minhas experiências até aqui, e pelas que ainda tenho que passar, eu acredito que o que tiver que acontecer comigo vai acontecer, naturalmente. Eu vou sentir quando for o momento, se vou estar preparado. Afinal, o meu futuro é pura consequência do que faço agora no meu presente. Como meu presente é consequência do que fiz até aqui. Aos poucos, vou dando meus passos, vou me livrando de certas correntes, me prendendo a outras. Eu vivo as etapas, e acho que é por causa disso que caminho pra frente.

Esses dias, o PJ fez um comentário sobre mim lá na PUC, onde dá aulas de Sociologia, que achei no mínimo curioso. Ele veio me contar depois:

– Se o Tião tivesse estudado aqui, e tido as mesmas oportunidades que vocês, ele hoje seria senador.

Na hora só ri. Deus sabe o que faz.

Parte V

29. De volta às origens

É SÓ OLHAR PARA TRÁS que tudo na minha vida remete àquela velha história do ciclo. Primeiro, meu avô no cais, presidente do primeiro sindicato dos estivadores de Recife, carregando pesos que só ele poderia aguentar. Os sonhos, as estratégias, a política sempre entranhada, a mesma vontade de mudar. Depois, minha avó e a sua fé no mundo, meu destino sendo traçado por ela no dia do meu nascimento. O parto, o nome, as palavras como que a inspirar um caminho onde eu ainda nem sequer havia pisado – mas que descobriria subindo uma estrada longa, mochilão nas costas, uma estrada que eu achava que me levaria às nuvens. E que de certa forma me levou.

De passo em passo, ora frouxos, ora firmes, ora tentando medir a distância, ora percorrendo quilômetros sem cansar, eu trilhei o caminho que me cabia. Tudo o que me deixaram – os ensinamentos, os sonhos, as sementes de luta –, eu guardei com todo o carinho na mochila, com os meus planos, a minha loucura, a minha vontade de chegar a algum lugar mais colorido. O legado de fé, o legado de justiça, eles me acompanharam durante todo esse tempo, me inspirando a escrever uma história que eu pudesse chamar de minha. Partindo do cais, mas para além dele. Sustentada pela fé, mas além dela. E muito além do que eu jamais poderia imaginar. Entre erros e acertos, porque a vida é assim: sorrisos e lágrimas, vitórias e derrotas, alegrias e decepções. Não tinha mesmo outro jeito, se não experimentando cada um deles. Sentimentos que me fizeram forte, mesmo que até hoje eu chore de saudade, sofra com a dor dos outros, e não faça a menor questão de conter minhas emoções quando elas transbordam. O problema é que elas vivem transbordando.

Eu era um menino quando encasquetei que um dia moraria numa casa igual à que tinha pintada num quadro velho da sala da minha mãe. A foto mais parecia de um sítio: a paisagem verdinha em volta, um colorido meio desbotado, muitas árvores, um lago pequeno e a casa, grande, bonita, as telhas alaranjadas. Em praticamente tudo lembrava a minha infância, a liberdade de correr na rua, os bichos, a natureza viva. Um sonho de garoto, como tantos outros que terminam esquecidos num caixote da memória.

Faz uns três anos, eu e a Nonô nos mudamos para a casa onde vivemos hoje. Era uma construção antiga que vimos na internet, que ainda teríamos que reformar, mas um terreno bom, com quintal e tudo. A Nonô sempre teve o sonho de ter uma casa, um canto nosso, só que na época, devia ser 2010, não tínhamos a grana para comprá-la. Uns anos depois, com um dinheiro que ganhamos do Vik, voltamos e lá estava ela, ainda à nossa espera. Demos um tanto de entrada, dividimos as outras parcelas, mas foi só uns dois anos depois, com os contratos pós-Oscar, que demos início à obra, que está acontecendo pouco a pouco, ainda meio tímida. Lá moramos eu, a Nonô, a Clara, minha sogra, às vezes minha cunhada Juliana, às vezes meus sobrinhos menores, Suelen e Miguel, que crio como se fossem meus filhos.

Qual não foi a minha surpresa quando, um dia desses, enquanto mostrava o terreno para um amigo, apontando os bichos, o verde, os galos que nos acordam todo dia às cinco da manhã, me lembrei do quadro velho da casa da minha mãe. Era um sonho que eu nunca tinha comentado com ninguém, quase que um sonho de criança que adormece no tempo. Mas que, no meu caso, sem que eu planejasse, sem que eu sequer me desse conta, acabou se realizando. A nossa casa tinha o mesmo "ar" da casa do quadro – acho que só faltava o lago. O resto era igual: o mesmo clima de roça, cavalo, cobra, rã, as galinhas "gêmeas" do vizinho – que apelidei de Mirinha e Mirela –, o mesmo silêncio da natureza, a mesma rua vazia, a mesma paz.

Meu sonho agora, esse já de adulto, é que ela também se torne o ponto de encontro que a casa da minha mãe foi um dia. Nós queremos fazer uma churrasqueira, e depois quem sabe uma piscina e um campinho de futebol, para reunir todo mundo. Sem falar que já penso em ajudar a minha mãe, caso ela precise, e também o resto da família que mora conosco – e está sempre crescendo. Eu já tentei levar a Dona Gerusa outras vezes para morar lá em casa, mas ela disse que não sai da casa dela de jeito nenhum, ainda que esteja precisando de obra, depois de tantos anos de pé. E a nossa casa é bem grande, nós ainda planejamos ampliá-la, mas ela bate o pé, diz que é o chão dela, que não vai sair. O segundo andar, que ainda está em obra, é onde vai ficar meu quarto e da Nonô, e também meu escritório, que decidi construir depois que descobri essa coisa do ócio criativo, que é bem a minha cara. Quando preciso bolar algum projeto, pensar num trabalho importante, gosto de ir para casa e ficar quieto no meu canto, que é onde sempre tenho as melhores ideias.

Aliás, essa história da casa, de resgatar a infância, o passado, acho que tem um pouco a ver com o tal ciclo da minha vida, as gerações sempre buscando o mesmo ponto de partida, eu sempre querendo voltar atrás, revisitar minhas origens. Eu sou muito saudosista, tenho saudade de tudo, da vida, da infância, e até mesmo de umas histórias que eu nunca vivi, só escutei dos mais velhos. Brinco que, se pudesse, teria vivido a época do Cartola, Noel Rosa, Donga, quando os morros começaram a crescer. Seria um boêmio como meu pai, ou então músico, e aprenderia a tocar chorinho.

Sonhos à parte, coisa que eu gosto mesmo é me lembrar dos momentos bons que vivi. A começar pela minha infância que, mesmo com a pobreza e os perrengues todos, teve a sua magia – uma magia que talvez só eu enxergasse, lá da minha ingenuidade, os olhos cegos para a realidade da vida. Mas que ainda assim fazia do mundo um lugar iluminado, e colorido, e simples. Os churrascos de domingo, as rodas de samba lá em casa, meu irmão Rogério comprando roupa para nós, me ensinando a vender na feira. Eu e a Claudeci aprontando na rua, enganando a Glória com o cigarro da macumba, os amigos da vizinhança, minhas professoras ensinando um outro tipo de amor. Até mesmo os urubus cinzentos do aterro reluziam para mim, numa época em que o mundo ainda tinha o ar de um sonho, desses que acordamos quando cansamos de imaginar.

Então nós crescemos e vemos que não é sempre que dá para acordar. Tem horas que não tem a opção de fugir da realidade, porque ela é, e ponto. Sem grandes explicações, sem muita cerimônia. E aí conhecemos o outro lado, que é na verdade a vida real, a vida de quem cresceu, de quem virou gente grande.

Por essa parte, especialmente, essa parte mais dura das lembranças, é que escrever este livro não foi fácil. Teve o lado bom, sim, sempre vai ter, os capítulos de felicidade, de diversão, as pequenas alegrias da vida, as enormes surpresas, os sonhos que valeram a pena. Mas teve também o lado doloroso, os capítulos de tristeza, de memórias que ainda doem. Ter que revivê-las bagunçou ideias que eu já tinha organizado, reabriu feridas que pareciam fechadas, remexeu no que já estava enterrado, e fundo, na minha alma. Me fez relembrar situações que me fizeram sofrer, e pessoas que me fizeram chorar, e querer sumir, e dar um tempo de tudo. Cada lembrança me fazia reviver cena a cena, minha memória precisa como uma fotografia, como se eu pudesse voltar e repetir tudo, todos os gestos. Brinco com a minha esposa que agora, sim, vou precisar de um psicólogo, para arrumar essa bagunça que o livro fez nas minhas emoções, ligar os pontos que ficaram soltos depois de tanto desfiar a vida.

De qualquer forma, eu precisava passar por isso, porque para mim era como se eu tivesse me curado, enquanto as dores na verdade só estavam adormecidas. Acontece que, às vezes, é importante voltar e encarar o que ficou pendente. Olhar no olho dos nossos medos, dos nossos fantasmas. Encontrar de uma vez por todas os significados das nossas dores – que é a nossa única chance de se curar por inteiro.

Porque o que nós somos hoje tem a ver com tudo aquilo que já fomos um dia. E com o que deixamos de ser, com o que não conseguimos curar, as feridas que deixamos abertas, as lágrimas que derramamos. E precisei experimentar tudo isso para entender que é como se as minhas decisões de hoje já tivessem sido tomadas muito antes, lá atrás, na minha infância, fruto das minhas experiências todas, boas e ruins, e necessárias. Como se tivessem sido tomadas ainda menino, quando escolhi – sem saber – o que queria ser. Algo que fosse bom, que fizesse o bem, que ajudasse a minha família, me levasse de volta até Recife. Mesmo sem planejar muito bem, eu sabia que o que eu queria era isso: algo que me levasse de volta às minhas origens.

Até que eu consegui. E fechei esse meu ciclo com um reencontro. Com o passado, o passado que usei de molde para escrever o meu presente. Um reencontro com Recife, com o cais do porto, o sonho do meu pai para mim. Porque eu sempre quis retomar, de algum modo, a história do meu avô. A trajetória dele de luta e de sonho, no fundo eu sempre sonhei um dia ser como ele. Igual, mas ao mesmo tempo diferente. Iluminado por ele, mas não sua sombra. E para isso fui atrás de construir o meu próprio sindicato, a minha própria história.

Tudo para chegar, em 2012, ao "Limpa, Brasil", o projeto que eu abracei para a minha vida, a causa em que acreditei com toda a força – conscientizar as pessoas sobre o problema do lixo, ir lá, descer na rua, falar para os que precisavam realmente ouvir, tocar célula por célula, ser humano por ser humano. A mesma causa que agora me dava a chance de voltar a Recife, como meu pai queria que eu fizesse, só que seguindo meu próprio destino.

O "Limpa, Brasil" nem sempre dava dinheiro. Às vezes, exigia dinheiro nosso, como, aliás, aconteceu naquele ano em Recife. Eles não tinham verba suficiente para fazer o evento, mas eu sentia quase que uma necessidade pessoal de dar aquele passo, de qualquer jeito, nem que para isso tivesse que tirar dinheiro do meu bolso. E foi o que fiz. Eu precisava voltar à cidade onde tudo começou, à história da minha família, para provar a mim mesmo que eu tinha conseguido. Não pelo cais, é verdade, mas por mim mesmo, pelas minhas próprias mãos, um projeto em que eu havia apostado todas as fichas. Eu devia aquela visita, como que para honrá-los. E mostrar que a minha escolha de seguir um caminho meu não tinha sido para abandonar meu passado, mas para reconstruí-lo, reescrevê-lo, como o líder que eu era – e que eles tinham me ensinado a ser. Era a minha chance – e foi – de dar esse orgulho a ele. E assim encerrar um ciclo.

Para dar início a outro, como tem que ser. Sinto que, da mesma forma que a pena simbolizou uma virada na minha história, este livro vem para marcar um novo momento de virada, uma nova passagem. Do mesmo modo que o documentário inaugurou uma etapa na vida do Tião de 20 e poucos anos, este livro inaugura uma nova para o Tião de 35. Como uma renovação. Porque nós temos fases na vida. E para ultrapassar o velho, temos que se desprender. Deixar o ciclo correr. Agora, tenho que me despedir das coisas que conquistei para alcançar outras, para aprender um outro mundo, uma nova experiência de mundo, com mais maturidade, com mais serenidade, com uma bagagem mais pesada do que a velha mochila de antes.

Hoje, vejo que errei um bocado durante esse tempo, me deixei influenciar muitas vezes, me privei de ser feliz outras tantas. E isso me fez recuar diante de alguns sonhos, ter medo de seguir pelas minhas próprias pernas. Agora, estou tentando ser diferente. Não a ponto de ignorar o que os outros dizem, estou buscando o meio termo, o ponto que nos equilibra entre lá e cá, entre a independência e a segurança. Buscando fazer o que me faz feliz. Tentando me desprender aos poucos dos velhos pesos – da culpa, da dor, da responsabilidade. Agora é uma nova fase, de novos projetos, novos sonhos. De deixar algumas coisas para trás, que é a única maneira de seguir em frente. Como a presidência do movimento de catadores, que deixei ano passado. Mas também como a minha empresa de consultoria, que abri esse ano, a "3Rs Extraordinário". Uma porta que fecha e outra que abre.

Agora quero focar nas minhas pequenas loucuras. O "Limpa, Brasil". Meus estudos. Minha faculdade. Outro sonho que ainda quero realizar um dia é conhecer a Índia. Ela me atrai de todas as maneiras, não sei explicar, é uma conexão quase que espiritual. Eu conheci alguns catadores da Índia em eventos, sobretudo mulheres – porque a maioria dos indianos que trabalha como catador é mulher. E me encantei pela espiritualidade que eles transbordam, dá para ver pelo olhar. Aliás, eles têm um olhar diferente do das outras pessoas, e a sabedoria, o fato de a riqueza não estar ligada a dinheiro, a serenidade, a paz de espírito.

Assim, aos poucos, vou traçando meus projetos de vida. Tentando preencher o que falta, as vontades, as necessidades, os vazios existenciais. Até porque, a verdade é essa, eu comecei a construir a minha vida – minha e da minha família – nos últimos três anos, quase ao mesmo tempo em que ergui minha casa, e os meus planos foram tomando forma.

Comecei a poder ter as coisas, a sair com a minha família, almoçar fora, viajar de avião. Talvez tenha até virado um pouco consumista, mas é difícil, você que acabou de sair da linha da pobreza extrema, de repente ouvir: "não consome, não é sustentável". Esses dias mesmo, vi um toca-discos numa loja, igual a um que meu pai tinha quando era jovem, não resisti e comprei, nem liguei para o valor. Sem querer, acabamos descontando o tempo todo de privação nas pequenas aquisições. É provável, roubando um desabafo do Vik no documentário, que eu ainda tenha que comprar muita porcaria até entender o valor do valor que as coisas têm.

Porque tem umas lições que acho que só mesmo o tempo é capaz de ensinar. Como se precisássemos viver milhares de histórias para aprender algo que é diário. Ou tivéssemos que sofrer muitas dores para passar a ver a vida com olhos menos egoístas, mais solidários. E precisássemos ficar cegos para enxergar com mais sabedoria a riqueza de oportunidades que o cara lá de cima nos dá.

Esses dias mesmo, depois da denúncia mais recente que recebi, eu andava meio para baixo, me questionando, questionando toda a minha trajetória, tentando entender por que, mesmo tendo me esforçado tanto, ainda tinha que passar por esse tipo de provação. Eu estava lá, todo quieto no meu canto, quando a Glória veio falar comigo, tentando me consolar, me dar uma força. E começou a lembrar as coisas boas da nossa história, tudo o que tinha dado certo, apesar das pedras que – sempre, sempre, sempre – haveria pelo caminho. Mas eu estava revoltado com tudo, principalmente com Deus, cobrando dele uma explicação, exigindo que me dissesse afinal no que eu tinha errado, para onde ir depois de tanto andar.

Até que a Glória perdeu a paciência com aquele meu discurso derrotista e – com aquele jeito "doce" dela – tocou a real, sem meias palavras:

– Como assim, Tião, você ainda tem alguma dúvida? Acha mesmo que Deus te esqueceu?

Sim, eu achava. Me sentia sozinho, incompreendido, injustiçado. E de novo sem forças.

– Péra, deixa eu te lembrar então: fora todas as conquistas, nós sabemos bem, você ainda por cima concorreu ao Oscar, e olha que nem ator você é – frisou, bem frisado, quase indignada. – E depois, como se não bastasse, ainda teve a chance de carregar a tocha olímpica, o mundo todo te vendo, você tem noção de quantas pessoas tiveram as oportunidades que você teve? Você é um cara que Deus marcou, você não vê?

Eu fiquei quieto. Pensativo. Tantas e tantas vezes, nós não entendemos os propósitos de Deus na nossa vida. Queremos que as coisas aconteçam do nosso jeito. E se Deus nos dá outro caminho, mais longo, mais complicado, cheio de pedras e uma rampa enorme acima, ou uma mochila pesada para carregar nas costas, ou gente acusando você do que você não é, nós achamos que ficamos sozinhos, abandonados no meio do nada. Mas aí Deus vem e mostra que não, não é bem assim, nós estávamos errados, que Ele estava ali, sim, o tempo todo, guiando a nossa vida de um jeito que só Ele pode explicar. E explica, só que de um modo tão sutil, nos detalhes do caminho, nas coisas mais simples, que nós só vemos se estivermos muito atentos. Mas naquele momento eu não estava.

Então entendi que a Glória estava certa. E que eu tinha, mesmo, uma missão. Ainda tenho. Uma missão que nasceu entre os urubus, os porcos, a rampa, o cais, as pedras, as drogas, a semente, a fé, o amor, a filha, a pena, os retratos, a loucura, o filme, o sonho. Mas, ainda assim, uma missão.

E essa história toda, que contei neste livro, é possível que seja só o começo dela.

QUER SABER MAIS SOBRE A LEYA?

Fique por dentro de nossos títulos, autores e lançamentos.

Curta a página da LeYa no Facebook, faça seu cadastro na aba mailing e tenha acesso a conteúdo exclusivo de nossos livros, capítulos antecipados, promoções e sorteios.

A LeYa está presente também no Twitter, Google + e Skoob

www.leya.com.br

facebook.com/leyabrasil

@leyabrasil

google.com/+LeYaBrasilSãoPaulo

http://www.skoob.com.br/leya

Este livro foi composto em
Nexus para LeYa
em setembro de 2014.